● 2018年度教育部人文社会科学研究一般项目（项目类别：青年基金项目；项目编号：18YJC790196）
● 国家自然科学基金2018年度项目（项目类别：青年项目；项目编号：71803157）

营商环境变迁对企业家精神与企业创新的影响研究

YINGSHANG HUANJING BIANQIAN DUI QIYEJIA JINGSHEN
YU QIYE CHUANGXIN DE YINGXIANG YANJIU

杨 进 著

西南财经大学出版社
Southwestern University of Finance & Economics Press
中国·成都

图书在版编目(CIP)数据

营商环境变迁对企业家精神与企业创新的影响研究/杨进著.—成都:
西南财经大学出版社,2022.4
ISBN 978-7-5504-5223-7

Ⅰ.①营… Ⅱ.①杨… Ⅲ.①投资环境—影响—企业家—企业精
神—研究—中国②投资环境—影响—企业创新—研究—中国
Ⅳ.①F279.23

中国版本图书馆 CIP 数据核字(2021)第 267524 号

营商环境变迁对企业家精神与企业创新的影响研究
杨进 著

责任编辑:植苗
责任校对:廖韧
封面设计:何东琳设计工作室
责任印制:朱曼丽

出版发行	西南财经大学出版社(四川省成都市光华村街55号)
网　　址	http://cbs.swufe.edu.cn
电子邮件	bookcj@swufe.edu.cn
邮政编码	610074
电　　话	028-87353785
照　　排	四川胜翔数码印务设计有限公司
印　　刷	郫县犀浦印刷厂
成品尺寸	170mm×240mm
印　　张	9.75
字　　数	233 千字
版　　次	2022 年 4 月第 1 版
印　　次	2022 年 4 月第 1 次印刷
书　　号	ISBN 978-7-5504-5223-7
定　　价	75.00 元

前　言

近年来，随着经济发展进入新常态，中国经济结构调整和发展动力转换日益紧迫。如何营造有利于企业家健康成长的营商环境、促进创新企业和推动经济可持续高质量发展，成为学术界和政府部门共同关注的重大问题。党的十九大以来，党中央和国务院对于我国营商环境建设问题高度重视，并采取了一系列重要举措。2020年7月，习近平总书记在吉林考察时指出，要加快转变政府职能，培育市场化、法治化、国际化营商环境。2021年1月召开的国务院常务会议进一步提出着力优化营商环境的四大举措，提升营商环境法治化水平。会议提出，着力优化营商环境，是更大激发市场主体活力的关键，也是应对严峻复杂形势、促进经济稳定恢复的重要举措。

目前，国内外学术界对营商环境评价和营商环境效应的研究成果颇丰，但是这些研究成果对于如何改善我国各地区的营商环境以提升企业家精神的指导意义有限。这是因为大部分研究集中关注营商环境的某个特定方面，而现实中影响企业家活动和企业行为的制度环境包含各个方面；大部分的研究集中考察营商环境在某个特定时间点上的情况，而对企业风险和收益产生影响的因素不仅包含当前的营商环境，还包含营商环境的发展演变趋势。此外，以往研究多集中于考察营商环境对企业绩效的影响，对营商环境如何影响企业家精神和企业创新的研究比较缺乏。

基于以上理论与现实背景，本书认为，系统梳理我国营商环境在时间维度的动态演变及其对企业家精神和企业创新的影响，对于我国改善营商环境和增强企业家在经济发展中的作用具有重要的政策意义。本书在前期学者研究的基础上，基于大量微观调查数据和统计数据对我国营商环境进行深入研究。本书主要包括以下几个部分：第一部分（第1章和第2章）提出本书的研究问题，回顾文献研究成果，指出本书的贡献与创新之处；第二部分（第3章）从理论上探讨营商环境不同组成部分的演化规律及其可能对企业和企业家产生的影响；第三部分（第4章和第5章）讨论本书所用的研究方法和主要数据来源；

第四部分（第6章、第7章和第8章）分析营商环境和企业家精神演变特征，检验营商环境的不同维度对企业绩效的影响；第五部分（第9章和第10章）从政府和市场两个角度探讨营商环境演进的动力机制；第六部分（第11章）为本书的结论和政策启示。

本书能帮助研究相关领域的学者了解中国营商环境的过去、现状和未来的演变规律，为其研究选题和研究视角提供借鉴。本书提出了系统测度中国营商环境的指标体系和方法，这些指标体系可在相关研究中广泛使用。同时，本书也可以作为实践指南，为创业者、企业家和投资者了解中国营商环境特征提供信息，为地方政府出台改进地区营商环境的政策提供参考。

本书为作者主持的教育部人文社会科学研究青年基金项目（批准号：18YJC790196）和国家自然科学基金青年项目（批准号：71803157）的阶段性成果。本书在写作和出版过程中得到了作者所在单位西南财经大学财政税务学院的大力支持，在出版过程中得到了西南财经大学出版社的大力帮助，在此一并致谢。

由于作者水平有限，书中难免有不当之处，敬请读者指正。

杨进

2021 年 10 月

目　录

1 研究的背景、意义、创新及框架

1.1 研究背景

近年来，营商环境在经济发展中的作用引起了学术界和各国政府的高度重视（Artz et al., 2016；Berkowitz et al., 2005；Dethier et al., 2010；Djankov et al., 2005；2006；Neumark et al., 2014；Prajogo, 2016；Reyes et al., 2018；World Bank, 2005；魏下海 等，2015；Xu, 2018；许可 等，2014）。良好的营商环境可以激励企业家进行生产性投资，扩张企业规模，进行研发创新，从而为创造就业和推动经济增长提供持续推动力（Stern, 2002；World Bank, 2005）。为了推动广大发展中国家改善营商环境，世界银行在 2005 年发表了题为"A Better Investment Climate for Everyone"的报告，为世界各国改善营商环境提供建议和指导。

改革开放以来，我国涌现出了一大批富有创新精神的企业家和具有核心竞争力的企业，其在创造就业、促进经济社会发展等方面做出了重要贡献。如何营造有利于企业家健康成长的营商环境，也成为各级政府高度重视的问题。特别是近年来，随着中国经济发展进入"新常态"，经济结构调整和发展动力转换的压力日益紧迫，对改善营商环境的压力也日益增加，而我国部分地区营商环境堪忧的报道也时常见诸报端，引起了社会广泛关注。

2016 年公布的《中华人民共和国国民经济和社会发展第十三个五年规划纲要》提出要"营造优良营商环境"，包括"营造公平竞争的市场环境、高效廉洁的政务环境、公正透明的法律政策环境和开放包容的人文环境"等。2017 年中共中央、国务院在《中共中央 国务院关于营造企业家健康成长环境弘扬优秀企业家精神更好发挥企业家作用的意见》中指出，营造企业家健康成长环境，弘扬优秀企业家精神，更好发挥企业家作用，对深化供给侧结构性改革、激发市场活力、实现经济社会持续健康发展具有重要意义。2018 年的国务院常务会议提出，在我国经济已由高速增长阶段转向高质量发展阶段的背景下，各地既要不忘"抓项目"的老本事，更要学习"造环境"的新本领，由过去追求优惠政策"洼地"，转为打造公平营商环境的"高地"。2020 年，国务院办公厅发布的《国务院办公厅关于进一步优化营商环境更好服务市场主体的实施意见》指出，近年来我国营商环境明显改善，但仍存在一些短板和薄弱环节，特别是受新型冠状病毒肺炎疫情等影响，企业困难凸显，亟须进一步聚焦市场主体关切，对标国际先进水平，既立足当前又着眼长远，更多采取改革的办法破解企业生产经营中的堵点和痛点，强化为市场主体服务，加快打造市场化、法治化、国际化营商环境，这是做好"六稳"工作、落实"六保"任务的重要抓手。2021 年 1 月召开的国务院常务会议进一步提出着力优化营商环境的四大举措，提升营商环境法治化水平。会议提出，着力优化营商环境，是更大激发市场主体活力的关键，也是应对严峻复杂形势、促进经济稳定恢复的重要举措。

改善营商环境成为促进我国经济可持续发展的一个重要的国家战略方针。随着近年来劳动力成本不断上升，土地和原材料价格快速上涨，资源和环境压力增加，我国低成本优势逐步消失，通过改善营商环境促进企业创新发展和产业升级成为维持企业市场竞争力的关键。因此，研究营商环境对企业家精神和企业创新的影响，对当前更好地发挥企业家在经济社会发展中的作用以及促进经济持续健康发展具有重要的政策意义。尤其是在当前世界经济增长放缓、国内外经济环境错综复杂、企业经营压力增大的背景下，建立稳定公平、可预期的营商环境，降低各类交易成本特别是制度性交易成本，对于解决企业投资不能投、不愿意投、不敢投等问题，具有重要意义。

目前，文献中对营商环境的研究主要考察了产权保护、合同执行、基础设施、融资环境、政府税费水平、腐败、管制水平等对企业绩效的影响。研究发现，营商环境不仅影响现有企业的绩效，还对潜在的企业家是否创业有显著影响（Ayyagari et al.，2012；Cull et al.，2005；Djankov et al.，2003；Djankov et al.，2004；Djankov et al.，2007；Djankov et al.，2008；Djankov et al.，2010；邵传林，2014；魏下海 等，2015）。已有研究成果对于我们理解营商环境的作用具有重要参考价值，但是对于如何改善我国各地区的营商环境以提升企业家精神指导意义有限。这是因为大部分研究集中于关注营商环境的某个特定方面，而现实中影响企业家活动和企业行为的制度环境包含各个方面；同时，大部分的研究集中于考察营商环境在某个特定时间点上的情况，而对企业风险和收益产生影响的因素不仅包含当前的营商环境，还包含营商环境的发展演变趋势（Stern，2002；World Bank，2005）；此外，以往研究多集中于考察营商环境对企业绩效的影响，对营商环境如何影响企业家精神和企业创新的研究相对比较缺乏。

基于以上理论与现实背景，本书认为系统考察我国营商环境的动态演变及其对企业家精神和企业创新的影响，对于我国改善营商环境和提升企业家在经济发展中的作用具有重要政策意义。本书拟在前期学者研究基础上，对我国营商环境进行深入研究，并主要回答以下几个问题：第一，中国营商环境在过去数十年的演变有何规律？营商环境中的不同组成部分的演变速度是否同步？哪些组成部分改善较快，哪些部分比较滞后？在地区间的差异如何？第二，如何度量企业家精神？营商环境如何影响企业家精神和企业创新？营商环境的影响在不同的地区、行业有何差异？营商环境影响企业创新的机制是什么？第三，营商环境中的正式制度和非正式制度相对作用如何，是相互补充还是相互替代？相对于非正式制度，正式制度如法律、合同、产权保护等的作用是否在日益增强？第四，地方政府和市场中介组织在塑造营商环境中发挥什么作用？两者的作用是相互补充还是相互替代？

1.2 研究意义

1.2.1 理论意义

第一，以往关于营商环境的研究多基于静态分析，而对营商环境的动态演化规律的研究相对较少。特别是对于像中国这样的发展中国家而言，过去数十年间的经济发展取得了巨大进步，营商环境也发生了巨大变化，研究营商环境的动态演变规律有助于理解发展中国家和经济转型国家营商环境的特殊性，从理论上进一步丰富以往关于营商环境的研究（Long et al.，2015；Xu，2011）。

第二，以往关于营商环境影响的研究多集中于考察营商环境对企业绩效的影响，对营商环境如何影响企业家精神和企业创新的研究相对比较缺乏，而企业家精神和企业创新活动在转型经济中又起到了重要作用（McMillan et al.，2002）。本书通过考察营商环境对企业家精神和企业创新活动的影响，进一步补充了现有文献的研究。

第三，以往大部分对中国营商环境的研究多关注的是正式制度的作用，而对根植于我国悠久文化历史的非正式制度的作用缺乏深入探讨。特别是在像中国这样的发展中国家，正式制度如法律、合同等完善还需要一个较长的过程，非正式制度可能起到的作用更大（阮荣平 等，2014；辛宇 等，2016）。本书将从历史和文化的角度探讨营商环境中非正式制度的起源、演变和影响，可以对以往关于正式制度的研究形成有益补充。

第四，虽然营商环境和企业家精神的作用已经得到充分的认识，但是目前使用的营商环境指标多基于宏观数据，尚缺乏一套基于企业微观数据的中国营商环境和企业家精神的指标体系及数据库，使得对中国营商环境和企业家精神的研究难以深入。本书将基于多个大型微观数据库（包括中国民营企业调查数据、CSMAR 中国上市公司数据库、中国工业企业数据库、中国专利数据库、世界银行中国企业调查数据、中国社会综合调查等数据）构建一套关于中国营商环境和企业家精神的重要数据库，为国内外学术界对中国营商环境和企业家精神的相关研究提供资料。

1.2.2　实践意义

长期以来，企业家创业意愿不足、创新意识不强等问题一直影响着我国企业的竞争力提升和可持续发展。如何设计相关政策和措施改善营商环境以增强企业家精神和提升企业创新能力，是我国各级政府共同关注的重大问题。本书可以通过以下几个方面对改善营商环境的相关政策制定和实施提供帮助及指导：

第一，党的十九大报告提出将"激发和保护企业家精神，鼓励更多社会主体投身创新创业"作为实施创新驱动发展战略和加快建设创新型国家的重要举措。世界银行发布的《2018 全球营商环境报告》显示，中国在全球营商便利度排名由第九十六位上升至第七十八位，共上升了18 位，而在世界经济论坛等其他国际组织机构的排名中上升幅度更大。纵向比，我国营商环境已有较大改善，但横向比，我国营商环境仍有不少"短板"。本书通过使用大规模微观数据构建中国营商环境指标，有利于发现制约我国营商环境改善的瓶颈性问题，可以为我国制定改善营商环境的政策提供指导和支持。

第二，虽然营商环境的作用引起了人们的高度重视，但是我国营商环境仍然存在很多需要改进的地方，这主要表现在营商环境在沿海和内陆地区之间存在很大差异，部分地区的营商环境迟迟得不到改善。本书通过使用大规模微观数据分析近年来我国营商环境的动态演化规律，不仅包括营商环境在时间上的发展变化，还探讨了各地区之间营商环境的差异；不仅关注单个营商环境指数的变化，更关注整体营商环境的变化。这些研究结果将为客观分析和评价我国各地区的营商环境现状和发展趋势提供科学的依据，为建立营商环境评价机制提供基础，为各地区制定更具有针对性的政策提供理论依据。

第三，以往学术界对我国各地区营商环境的考察主要关注正式制度的差异，而对我国各地区在文化、传统和习俗等非正式制度方面存在的差异研究较少。由于我国各地区具有相同的法律框架，地区之间在非正式制度方面存在的差异可能更大。中共中央、国务院在《中共中央 国务院关于营造企业家健康成长环境弘扬优秀企业家精神更好发挥企业家作用的意见》中提出，要营造"亲""清"新型政商关系，创新政企互动机制。本书深入考察营商环境中的非正式制度的作用及其在地区之间存在的差异，研究结果有利于各地区根据各地的历史、文化和习俗创新政企互动机制，改善营商软环境建设。

第四，当前，在全球经济增长放缓、面临更多不确定性的条件下，不少国家都在出台优化营商环境的相关政策。在这一全球竞争大背景下，优化我国营商环境的紧迫性进一步增加。2018年国务院常务会议提出，在我国经济已由高速增长阶段转向高质量发展阶段的背景下，各地既要不忘"抓项目"的老本事，更要学习"造环境"的新本领，由过去追求优惠政策"洼地"，转为打造公平营商环境的"高地"。本书构建了可以横向国际比较的营商环境指数，有助于我国识别营商环境短板，进一步通过改善营商环境提升全球竞争力。

1.3 研究创新

本书在营商环境相关理论基础上，采用前沿计量方法来考察与中国经济社会可持续发展相关的重大问题——中国营商环境的演变规律及其对企业家精神和企业创新的影响。本书综合了制度经济学、产业经济学和区域经济学的最新研究成果，具有较强的前沿性和创新性。本书的创新之处主要体现在理论基础、研究视角和研究方法三个方面。

1.3.1 理论基础的创新

目前，学术界对于营商环境的重要性已有较多认识，但是对于营商环境的动态演变规律仍然研究得较少。特别是对于像中国这样经济快速增长的发展中国家而言，文献中对于营商环境中的各个组成要素如何在时间和空间上发生演变，这些演变的动力是什么，影响机制是什么，还缺乏系统的、深入的考察。本书通过系统研究中国在过去数十年间的营商环境动态演变规律，将对营商环境的相关研究理论进行拓展和补充。

1.3.2 研究视角的创新

以往对营商环境的研究多基于宏观指标，本书基于大规模微观数据库（包括中国民营企业调查数据、CSMAR 中国上市公司数据库、中国工业企业数据库、中国专利数据库、世界银行中国企业调查数据库、《北大法宝》等数据）构建了一套省级的营商环境面板数据指标来分析中国营商环境的演变规律，考察营商环境变迁对企业家精神和企业创新的影响，探讨营商环境改善对企业内部与外部治理模式的影响，从而拓展了以往基于静态和单因素的对于营商环境的研究。此外，本书还考察了营商环境中的正式制度和非正式制度的互补与替代作用，从制度运行成本的角度考察营商环境的作用，进一步丰富了关于制度环境与企业发展的研究。

1.3.3 研究方法的创新

我们将使用工具变量估计法、门槛面板模型等估计方法，使得本书的实证研究结果更具有科学性，结论更可靠，所得出的政策建议更具有可操作性以及现实指导意义。此外，营商环境的影响可能存在重要的异质性和非线性，本书将着重考察营商环境的效应是否随着经济水平发展而增强，以及是否对不同所有制和规模的企业存在差异。

1.4 研究框架

本书主要包括以下几章：第 1 章前言，主要介绍营商环境在我国经济转型和经济高质量发展中的重要性；第 2 章国内外研究现状与文献综述，主要介绍国内外目前与营商环境相关的研究现状与文献综述及其不足；第 3 章理论分析与制度背景，主要结合制度经济学理论和管理学理论探讨分析了中国营商环境的演变趋势及特征；第 4 章指标和数据来源，主要通过多个大规模微观数据库来构建我国 20 世纪 90 年代中期至今的各地区营商环境指数；第 5 章研究方法和模型，主要分析营商环境对企业家精神和企业创新的影响、营商环境的内生性与工具变量方法、营商环境演变对企业创新的非线性作用；第 6 章营商环境演变分析，主要研究营商环境在时间维度和空间维度的演变规律；第 7 章企业家特征、企业特征和企业治理机制的演变分析，主要分析企业家特征的演变、企业特征的演变和企业治理机制的演变；第 8 章营商环境对企业绩效的影响，主要探讨营商环境变迁对企业绩效的影响；第 9 章地方政府与营商环境，主要基于税率的研究，研究了地方政府在塑造营商环境中的作用；第 10 章市场中介组织与营商环境，主要研究市场中介组织对营商环境和企业创新的影响；第 11 章研究结论与政策启示，主要介绍本章的研究结论，并给出合理的政策建议。本书的研究成果将为我国各地区通过改善本地营商环境、促进企业创新和企业家创业提供重要的理论基础和政策指导。

本书中几个具体研究内容之间的相互关系（研究内容结构）如图 1.1 所示。

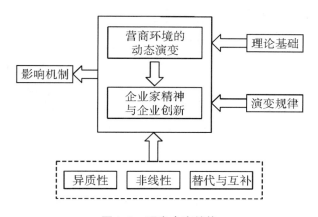

图 1.1　研究内容结构

本书将遵循"理论基础—数据与指标构建—统计描述分析—参数估计—政策分析"的思路展开具体的研究。本书的研究思路如图 1.2 所示。

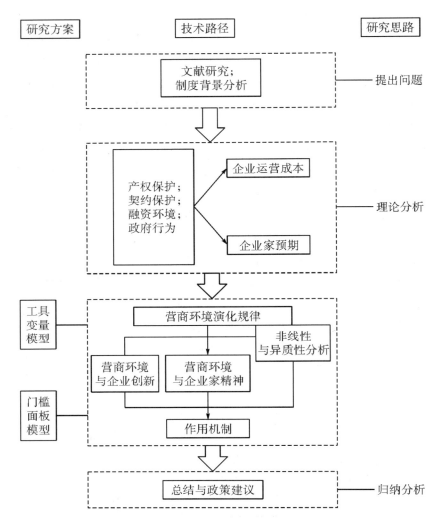

图 1.2　研究思路

营商环境变迁对企业家精神与企业创新的影响研究

2 国内外研究现状与不足

2.1 国内外研究现状及发展动态

Stern（2002）认为投资环境影响回报和风险，它由政策、制度和具体执行行为组成，包括环境现状和预期环境。Bah 和 Fang（2015）将营商环境归结到五大领域：监管环境、腐败、犯罪、基础设施完善程度和金融发展。自2002 年开始，世界银行在 135 个国家收集企业经营环境信息，为研究各国的营商环境和国际比较提供了丰富的数据。大量的研究考察了产权保护、合同执行、基础设施、融资环境、政府税费水平、腐败、管制水平等对企业的绩效、创新和投资等方面的影响（Ayyagari et al.，2012；Cull et al.，2005；Djankov et al.，2003；Djankov et al.，2004；Djankov et al.，2007；Djankov et al.，2008；Djankov et al.，2010；Johnson et al.，2002）。这些研究成果为本书提供了良好的文献基础。与本书相关的文献主要包括四类：一是营商环境演变与评价研究；二是营商环境对企业家精神的影响研究；三是营商环境与企业创新的研究；四是营商环境对企业绩效的影响研究。

2.1.1 营商环境演变和营商环境评价研究

因为营商环境涉及的政治、经济变量比较多，需要大量的数据基础，目前系统地研究营商环境变迁的研究还比较少。世界银行于 2002 年开始研究营商环境，并于 2003 年开始每年发布《营商环境报告》。2008 年，世界银行初次提供中国国别报告，涵盖中国 30 个城市的数据，包括开办企业、登记物权、获取信贷、强制执行合同 4 个方面便利程度的信息。现有文献中对营商环境评价的研究大部分基于世界银行提供的营商环境数据。张波（2006）基于世界银行营商环境指标，对我国企业营商环境进行国际比较分析，发现我国在投资者保护、融资条件、税制、企业开办等方面严重滞后于发达国家。陈建勋（2012）基于世界银行营商环境项目的调查数据对 23 个转轨国家进行比较和分析后发现，渐进式改革的国家其外向营商效率高于激进式改革的国家，而激进式改革的国家在内向营商效率上高于渐进式改革的国家。董志强等（2012）使用世界银行提供的我国 30 个城市的营商环境数据，检验了营商的制度软环境与经济发展的关系，发现良好的城市营商软环境对城市经济发展有显著的促进作用。许可和王瑛（2014）利用世界银行 2012 年对中国私营企业的调研数据，从企业层面研究了经济危机后中国的营商环境。结果表明，中国企业在当前经济环境中所面临的问题主要表现为金融准入困难、人力资源受教育程度不高、非正规部门竞争以及税负高等。

2.1.2　营商环境与企业家精神

企业家精神又称"创业精神"，是指业企业家通过创业和创新手段，将资源更有效地利用，为市场创造出新的价值（李宏彬 等，2009）。不同的营商环境将导致不同的交易成本，进而产生不同的资源配置效率。因此，若是政府的政策、规制和法律实施等环境运行不当，会抑制创业精神的发挥并阻碍新企业的创立、大企业的再发展和旧有不适企业的退出转移。尤其是在转型经济中，制度环境对于塑造企业家精神的作用尤为重要（Peng et al., 2005；Smallbone et al., 2001；Smallbone et al., 2009）。

以往研究发现，法治质量和产权保护对企业家精神有显著影响。利用对俄罗斯 7 个城市的企业家和非企业家调查数据，Djankov 等（2004）发现商业环境对个人是否选择成为企业家的决策具有重要影响，对腐败的感知程度和政府官员对企业家的态度都会影响个人成为企业家的决策。Johnson 等（2002）发现，转型经济体的企业家如果在本国对财产权保护感到更安全，就更有可能进行再投资。Cull 和 Xu（2005）通过对中国的营商环境研究发现，如果企业家对产权保护制度更有信心，则更有可能将利润再投资。邵传林（2014）基于中国省级层面的非平衡面板数据发现，在法律制度效率越高的地区，企业家精神就越倾向于有效发挥。邢文杰和刘彤（2015）选取了世界银行业已公布的我国 30 个城市的营商环境数据，结合中国私营企业创业指数数据，检验营商环境与创业活力间的关联性，发现具备更好的"信贷支持"、更有力的"合同及财产保护法"以及更少的"程序规制"的地区，将促生更多的创业、创新行动。此外，大量研究表明，金融发展程度的高低直接影响企业家的生产性活动活跃与否，为其创新创业精神的发挥提供不同条件（尹志超 等，2015）。金融中介的发展和金融抑制的降低能够有效提高资金可得性，为创新创业精神的发挥提供条件（Magri，2009；解维敏 等，2011；江春 等，2010）。

政府的政策和行为通过影响营商成本和未来的不确定性也对企业家精神产生重要影响。首先是政府管制，行业进入管制妨碍了自由竞争，增加了潜在企业的进入成本。Ciccone 和 Papaioannou（2007）研究发现，在注册企业所需时间较少的国家，其扩张性行业中有更多的新企业进入。Djankov 等（2002）的研究表明，监管力度较大的国家腐败率较高，非正式经济体较大，但公共品和私人物品的质量不高。其次，腐败和政府掠夺通过增加未来的不确定性来减少创业活动（Djankov et al.，2004）。Djankov 等（2010）发现，有效的公司税率对创业活动有很大的负面影响。Mauro（1996）以及 Knack 和 Keefer（1995）的研究表明，腐败现象更多的国家其投资率和 GDP（国内生产总值）增长率都更低。李后建（2013）发现，腐败会打击企业家创新精神和创业精神，而市场化的发展则会减小腐败的负面作用。蔡卫星和高明华（2013）对影响中国企业家信心的影响因素进行实证分析，发现外部环境对企业家信心有着显著的影响。政府支持力度越大、银行信贷获取越容易、司法公正程度越高、基础设施满意度越高，则企业家信心就越高。魏下海等（2015）使用世界银行营商环境指数发现，更好的营商制度环境下，中国民营企业家的经济活动时间将更长，并且在有限的经济活动时间中，用于生产性的日常经营管理的时间占比将更高，而用于非生产性的对外公关招待等的时间占比更低。

近年来，一部分研究开始关注营商环境中的非正式制度对企业家创业的影响。例如，阮荣平等（2014）考察了宗教信仰对创业的影响并发现宗教信仰正向影响创业的概率；辛宇等（2016）考察宗教信仰与企业创始资金来源之间的关系，研究发现地区宗教传统越浓厚，民营企业创始资金中来自创业者个人的出资比例越低，则来自家族外部成员的出资比例就越高。

2.1.3 营商环境对创新的影响

在经济发展的早期，企业家主要通过追逐市场供需不平衡所产生的套利机会而盈利。随着经济的发展和制度的完善，市场对产权保护、合同执行、信息收集等方面提供了更好的机制，企业家将逐渐转向创新、引入新产品或者创造新的产业而获利。

已有文献对营商环境如何影响企业创新的研究主要是从市场力量和政府作用两个方面进行的。Schumpeter（1942）最早讨论了市场竞争和创新的关系，他认为只有大企业才负担得起研发费用和消化创新失败带来的损失，而企业获取创新回报也需要某种市场控制能力。因此，完全竞争可能并不利于企业创新。此后，学者们对市场集中度、市场竞争程度与创新之间的关系做了大量检验，发现结果并不一致。部分研究发现了市场集中度和创新之间存在正向关系（Jadlow，1981；Blundell et al.，1999），从而为 Schumpeter（1942）的论点提供了支持；但是另一部分研究则发现市场竞争对企业创新有促进作用（Geroski，1990；Broadberry et al.，2000；Hashmi，2013）。Mukoyama（2003）和 Aghion 等（2005）发现市场竞争程度和行业创新水平之间存在倒"U"形关系，并认为市场竞争抑制落后企业的创新而有利于领先企业的创新。周黎安和罗凯（2005）基于 1985—1997 年中国 30 个省份的面板数据检验了企业规模与专利数量之间的关系，发现企业规模对创新有显著的促进作用，但是企业规模与创新的正向关系主要来源于非国有企业而不是国有企业。聂辉华等（2008）使用中国工业企业数据发现企业的创新与规模、市场竞争之间均呈倒"U"形关系，国有企业创新效率低于民营企业。

政府行为对企业创新的影响，首先体现在知识产权保护的作用上。企业研发和创新需要投入大量的资源，只有当企业的创新成果得到法律保护时，企业才能从这些创新活动中得到预期回报并进行研发。一些研究检验了知识产权保护程度与企业创新和专利申请的关系，发现两者存在显著正相关关系（Ang et al.，2014；Schneider，2005）。由于知识产权保护在使得知识产权拥有者获取垄断收益的同时也阻碍了知识传播和竞争（Williams，2013），部分学者认为知识产权保护程度存在一个最佳水平，即知识产权保护与经济发展和创新之间存在倒"U"形关系（Chen，2005；Jensen et al.，2007），一些研究也发现知识产权保护的正面效应在发达国家更加显著（Sweet et al.，2015）。Ang 等（2014）研究了中国省一级的知识产权保护对企业融资和研发的影响，发现更好的知识产权保护能够促进企业获得更多的外部融资，进而带来更多的发明专利和新产品销售收入。史宇鹏和顾全林（2013）发现，知识产权侵权程度对企业的研发具有很强的抑制作用，且创新投入受知识产权保护的影响更大。潘越等（2015）使用中国上市公司数据研究了诉讼风险对企业创新行为的影响，发现资金类诉讼对企业创新活动具有显著的抑制作用，而产品类诉讼对企业的研发活动有激励作用。吴超鹏和唐菂（2016）考察了各省份知识产权保护执法力度对上市公司技术创新的影响，发现政府加强知识产权保护执法力度可以显著提升企业的专利产出与研发投资能力。

其次体现在政府补贴上。研究发现，政府财政补贴对企业创新的影响存在不确定性。一些研究发现，创新补贴对企业创新具有促进作用（Aschhoff, 2009; Berube et al., 2009; Czarnitzki et al., 2011），但另一些研究同时发现，政府补贴对研发存在挤出效应（Wallsten, 2000; Bussom, 2000; Gorg et al., 2007）。龙小宁和王俊（2015）使用专利数据研究了中国专利刺激政策的影响，发现专利刺激政策在推动专利数目增长的同时并未提高专利的质量；Boeing（2016）使用中国上市公司数据研究中国创新补贴的分配和效率，发现国有企业在获取创新补贴上存在显著优势，而政府创新补贴对企业研发存在挤出效应；张杰等（2015）则使用工业企业数据库发现，政府创新补贴对中小企业私人研发支出没有显著影响。此外，现有文献还发现管制、融资政策等因素也对企业创新具有重要影响（Blind, 2016; Gorodnichenko et al., 2013; Lin et al., 2014; Prieger, 2002; Savignac, 2008）。

2.1.4 营商环境对企业投资和绩效的影响

良好的营商环境可以促进企业投资，改善企业绩效，因而在促进经济发展中发挥关键作用（World Bank, 2005）。以往研究指出，营商环境可以通过两种理论机制影响企业投资和绩效。第一种理论机制是权利假说理论（rights hypothesis）。权利假说理论认为，良好运行的法律体系是经济增长和企业发展的前提条件（Hall et al., 1999; Johnson et al., 2000; Acemoglu et al., 2001; Easterly et al., 2003）。第二种理论机制是"掠夺之手"理论。"掠夺之手"理论表明，掠夺性政府政策通过影响企业面临的成本、风险和竞争壁垒，进而影响投资环境（Shleifer et al., 1998）。例如，如果政府对企业任意征收重税，企业的经营成本就会大幅度增加。

目前，围绕产权保护、基础设施、融资环境的研究已经较多。首先是产权保护方面。Johnson 等（2002）发现，转型经济体的企业家如果觉得本国的财产权保护制度更安全，就更有可能进行再投资。Cull 和 Xu（2005）通过对中国的营商环境研究发现，如果企业家对产权保护制度更有信心，则更有可能将利润再投资。其次是基础设施的作用方面。基础设施包括道路、能源、水和卫生设施以及电信，在企业的生产过程以及货物和服务的交付中起着重要的作用。低质量的基础设施增加了物流与交易成本，使原本有竞争力的产品失去竞争力。以往的研究表明，基础设施的质量对企业生产率有重大影响。Escribano等（2009）提供证据表明，基础设施质量的改善导致了几个东南亚国家的生产率提高。Dollar等（2005）发现，电力损失对中国、埃塞俄比亚、孟加拉国和巴基斯坦的全要素生产率有显著的负面影响。Harrison等（2014）利用世界银行数据展开研究，结果表明缺乏基础设施导致非洲企业在生产力方面存在劣势。为了创办和经营企业，企业家需要从金融市场获得资金支持，因此融资环境是营商环境的重要组成部分。与很多经济转型国家一样，目前中国金融市场仍然由国有银行主导，民营企业在金融市场上受到所有制歧视，融资可得性受到较大限制（Cull et al.，2014）。

此外，政府活动对企业的影响也得到了广泛关注。以往研究表明，政府既可以成为企业发展的"帮助之手"，又可能成为对企业的"掠夺之手"。Cull等，（2017）使用中国数据考察了地方政府在企业发展中的作用，发现地方政府提供有关产品、市场和创新方面的信息以及政府协助贷款有助于提高本地企业效率，特别是那些在获取资金、投入品和产品市场信息上存在劣势的民营企业从政府的作用中获益最大。政府政策和行为还通过多种方式对企业的运行成本产生影响，包括腐败、税收、进入管制、烦琐的工商登记流程以及对要素市场的管制。Cai等（2011）发现，腐败对中国企业的劳动生产率有显著的负面影响。

2.2　研究的不足

从现有研究成果来看，国内外学者已经对营商环境对企业家精神和企业创新的影响做了大量的研究，但文献仍然存在以下几个方面的不足：

第一，现有文献对于营商环境的影响做了大量研究，但是对营商环境的发展演化规律的研究比较缺乏。特别是对于中国这样的发展中国家而言，探究营商环境的动态演变规律是对营商环境发展路径、现状和趋势做科学判断的一个重要依据。

第二，现有文献对中国营商环境的研究大多基于世界银行营商环境调查数据。这一数据的局限性在于仅覆盖了中国 30 个城市，而且只有 2007—2011 年的数据。因此，基于这一数据对于中国营商环境的整体状况和长期发展变化的研究仍然受到较大局限性。

第三，现有文献多从宏观角度如地区法治水平、知识产权保护力度等度量营商环境质量，对企业微观层面信息的利用不足。从微观层面了解企业状况以及企业所面临的困难，有利于切实为企业解决发展中的瓶颈，为新进企业提供更好的营商环境。

第四，现有文献对正式制度的作用做了大量探讨，但是对非正式制度的作用研究还比较少。对于尚处于经济转型期的中国而言，法律制度等正式制度还远未完善，根植于中国悠久的历史文化所产生的非正式制度可能发挥着不可忽视的作用。此外，关于非正式制度和正式制度之间的关系也缺乏深入探讨。

3 理论分析与制度背景

本章中我们将结合经济学理论和管理学理论，提供一个概念性分析框架来思考商业环境、企业家和企业特征演变背后的逻辑。在这一分析框架中，推动营商环境和企业家精神变迁的驱动力包括地方政府对经济绩效的追求、地方政府的自由裁量权、市场竞争以及企业家和企业的适应能力。

3.1 营商环境的演变动力分析

良好的商业环境可以通过促进新企业的创建和现有企业的增长，在推动经济增长和减少贫困方面发挥重要作用（World Bank，2005）。发展中国家政府通过改善市场制度环境和基础设施，在营造良好的商业环境方面发挥着关键作用（World Bank，2005；Besley et al.，2009）。为了度量市场制度环境，我们重点关注基础设施的质量和数量、金融资源可得性、产权保护、政府廉洁程度四个方面。下面我们依次讨论这四个方面的演变逻辑。

3.1.1 基础设施的质量和数量

基础设施包括交通、能源、水和卫生设施以及电信，它们在企业专业化和规模扩张方面发挥着重要作用。低质量的基础设施增加了物流和交易成本，限制了企业的专业化程度，缩小了市场范围，增加了产品的总成本。以往的实证研究表明，基础设施的质量对企业生产率有显著影响。例如，道路投资提高了美国的生产力水平（Fernald，1999），基础设施质量的改善使得东南亚部分国家的生产率有所提高（Escribano et al.，2009）。在一些大型发展中国家，电力损失对全要素生产率有着显著的负面影响，尤其是小型企业受到基础设施缺陷的影响更大（Dollar et al.，2009）。此外，研究发现，基础设施不足是造成非洲企业生产率劣势的关键因素（Harrison et al.，2014）。现代互联网技术作为一种高效的通信技术，对世界各地的公司绩效有显著影响（Clarke et al.，2015）。这些证据表明，基础设施的改善将促进中国企业生产率的提高。

在我们的研究样本期内，企业面临的基础设施环境随着时间的推移而改善。由于对经济发展的强烈激励以及国家实施政策的强大能力，中央政府协调了大规模的基础设施扩建计划，特别是在公路方面（Banerjee et al.，2012；Baum Snow et al.，2018）。比如，相对于其他制度改革，基础设施投资更容易被采纳，因为这符合国家发展战略和需求，而改善基础设施可以极大地促进经济发展。20 世纪 90 年代中期的财政改革也使得中央政府在财政方面更加充足，使大规模基础设施扩张成为可能。因此，我们预期企业在我们的样本期内能够更好地使用基础设施。

3.1.2　金融资源可得性

企业家要想创办和经营自己的企业，就需要从自己的储蓄中或金融市场中获得融资，而这两种融资方式对中国的私营企业来说都不普遍，特别是在经济转型初期。与许多其他发展中国家一样，中国的金融市场不发达，市场结构高度集中于国有银行，它们不愿为私营部门和创业活动融资。国有银行在提供信贷上偏向于国有企业，而私营企业较难获得银行融资（Cull et al.，2003；Brandt et al.，2003；Cull et al.，2015）。因此，政府仍然对金融资源的分配实行实质性的控制，私营企业往往无法获得银行贷款和其他信贷（Cull et al.，2009）。然而，在获得融资方面也有积极的发展：银行增加商业导向以维持生存（Cull et al.，2000），外资银行的进入和中国国有银行的所有权改革（Berger et al.，2009），所有这些都应促进私营企业获得融资。因此，我们谨慎地预计，更多的私营企业将获得正规融资，这将有助于提高企业生产率。

3.1.3　产权保护

产权保护自经济学诞生之初就受到重视。该论点也被称为"权利假设"，即一个运作良好的法律体系，它提供对私有财产和合同的有效保护，是经济增长的先决条件（Hall et al.，1999；Johnson et al.，2000；Acemoglu et al.，2001；Easterly et al.，2003）。亚当·斯密（1776）指出，经济学中的一个基本命题认为，财产安全和合同的执行对于投资、贸易和最终的经济增长至关重要。产权制度被强调是包括企业家精神在内的多种经济活动的基础（North，1990）。

最近的研究提供的证据表明，产权对投资、金融发展、长期经济增长、企业家精神有重要影响（Johnson et al.，2002；Djankov et al.，2004；Acemoglu et al.，2005；Cull et al.，2005），而产权受损会导致投资减少（Besley，1995；Jacoby et al.，2002）。

　　Acemoglu 和 Johnson（2005）在理解产权相关制度的作用方面取得的一个关键进步，是区分合同制度和产权制度。契约制度是指那些"允许公民之间的私人契约"的制度，而产权制度是指那些"保护公民免受政府和权势精英的剥夺"的制度。他们认为，政府官员以及在较小程度上的经济精英，可以使用武力或其他资源来支持他们的要求，从而对私人产权造成损害；相反，当订约制度以某种方式增加经营成本时，订约方可能会使用其他交易方式。例如，公司可能依赖基于声誉的融资，如商业信贷而不是银行融资（科斯，1960；Allen et al.，2005；Cull et al.，2009）。跨国实证分析倾向于发现产权制度相对于契约制度的影响更为显著（Acemoglu et al.，2005；Knack et al.，2017），而中国特定公司研究发现两者都相对重要（Cull et al.，2005）。

　　改革开放以来，中国在法律体系建设方面取得了重大进展。法律制度建设的关键问题包括政府对法律制度的干预、缺乏司法独立性以及人口中的律师密度较低。例如，在本书的样本区间内，2005 年的我国每 9 000 人中有一名律师，而美国每 300 人中有一名律师。此外，21 世纪初我国企业层面的数据表明，企业感知的合同执行质量并不影响流入中国地区（或县）的国外直接投资（foreign direct investment，FDI）（Wang et al.，2012）。然而，尽管存在这种普遍观点和相关证据，但也有证据表明我国在法律制度建设方面取得了长足进展（Long，2010）。1983—2001 年，我国一审法院受理的经济纠纷每年增加 19.9%，远远高于民事纠纷（8.8%）；1983—2005 年，我国律师人数从 8 600 人增加到 154 000 人，每年增长 13.4%。因此，法律制度的运用和法律相关的人力资源都急剧增加。Cull 和 Xu（2005）发现，合同制度（如法院的使用、签订正式合同以及维护合同的可能性）与私营企业的再投资正相关。Long（2010）发现，当地法律制度的发展（通过法院系统解决的企业纠纷比例来代表）与企业的投资和创新正相关。Berkowitz、Lin 和 Ma（2015）指出，2007 年颁布的《中华人民共和国物权法》①是中国私有产权法律保护的一个

---

　　① 2020 年 5 月 28 日，第十三届全国人民代表大会第三次会议表决通过了《中华人民共和国民法典》，自 2021 年 1 月 1 日起施行。《中华人民共和国物权法》同时废止。

重要里程碑，与中国股市中的公司价值显著提高有关。应当理解的是，《中华人民共和国物权法》既提供了更好的合同制度（对债权人的保护），又提供了更好的产权制度（防止地方政府征用）（Berkowitz et al., 2015）。因此，总体而言，我们预计在中国更好的产权保护制度将提高企业绩效，尤其是长期投资。

3.1.4 政府廉洁程度

产权制度，或与"攫取之手"相关的制度（Shleifer et al., 1998），在决定公司绩效方面发挥更为主导的作用（Acemoglu et al., 2005）。新兴实证文献表明，更糟糕的产权制度或掠夺性政府政策会增加投资和进入的风险，从而损害企业绩效和影响企业进入。

首先，政府对企业进入的监管是产权制度的一个重要组成部分，因为政府在企业经营过程中有权颁发执照和许可证，并有可能事后征用企业，将市场权力分配给一些现有企业，制造竞争壁垒，提高其他公司和潜在进入者的投入与运营成本。此外，它们削弱了受保护企业创新和提高生产率的激励，进一步阻碍了企业的创建，从而降低了市场潜在进入者的数量，降低了市场竞争。研究表明，注册新企业所需时间较短的国家在扩张性行业中的进入率较高（Ciccone et al., 2007），而进入监管较严的国家腐败程度较高，地下经济规模较大（Djankov et al., 2002）。高成本的进入规制也会阻碍新公司的创建，特别是在自然具有高进入率的行业（Klapper et al., 2006）。

其次，税收、腐败和其他政府征用行为通过增加当前的经营成本和未来的不确定性来抑制创业活动，这得到了经验证据的支持（Djankov et al., 2004）。企业层面的研究显示，较高的公司税率对创业活动有很大的不利影响（Djankov et al., 2010），高税收的预期对立陶宛小企业的增长有负面影响（Aidis et al., 2006），腐败对中国企业的生产率有着显著的负面影响（Cai et al., 2011）。在国家层面，Mauro（1996）以及 Knack 和 Keefer（1995）发现，腐败程度越高，投资份额和 GDP 增长率越低。

最后，由于企业的政治联系是强大的政府权力的自然结果，本书还研究了政企关联的决定因素和可能的影响。为了克服体制缺陷带来的障碍，发展中国家的企业家积极与政府和地方官员建立政治联系，这有助于其获得有利的监管条件（Faccio，2005），并获得银行贷款等资源（Khwaja et al., 2005；Li et al., 2008；Cull Li et al., 2014）。然而，如果利用政治关系开展业务被当地企业家惯例化，这将对治理模式从基于关系的治理向基于规则的治理演变制造额外的障碍（Acemoglu et al.，2005）。因此，我们预计产权制度对企业绩效将产生重要影响，政企关联可能会加剧上述政府征用和监管的不利影响。

3.2 企业和企业家的特征演变规律分析

企业家在转型经济和发展中国家中对推动经济增长发挥着重要作用。他们愿意承担风险，建立新公司，调动储蓄，创造就业机会，并提供新的、更好的消费品（McMillan et al.，2002）。尽管中国企业家在促进经济转型和增长方面发挥了重要作用，但很少有研究关注他们是谁以及他们的特征如何演变（Djankov et al.，2006）。在第7章中，我们将讨论过去数十年间的中国企业家与企业特征的演变。

正如许多研究人员所指出的那样，制度变迁在转型经济体创业发展中起着重要作用（Peng et al.，2011；Smallbone et al.，2001；Smallbone et al.，2009）。在经济转型的早期阶段，原有的计划经济资源分配机制被破坏，表现为相对价格的频繁调整，为主要是基尔兹尼类型的企业家创造了机会，他们在转型期间的价格体系调整过程中发现并追求获利机会（Kirzner，1997）。在经济转型的后期阶段，市场制度的发展（包括法制发展和基础设施建设），为资源分配、信息收集、合同执行和财产保护提供了更好的机制。在这一阶段，熊彼特式企业家进行创新，引进新产品或新的生产方法，并创建新的行业组织（Estrin et al.，2005）。因此，随着市场经济制度的发展，企业家必须更新其管理技能、教育水平和专业知识，以抓住新的商业机会。在本书所涵盖的时期（1992—2012年），中国跨越了一个深化经济转型的时期。从邓小平南方谈话开始到加入WTO（世界贸易组织），中国企业逐渐更充分地参与国际竞争和全球供应链（Brandt et al.，2017）。在制度建设方面，20世纪90年代末至21世纪初国有企业进行改制和重组（Xu et al.，2005；Xie et al.，2015；Huang et al.，2017），所有这些制度变迁都有利于企业家从基尔兹尼类型向熊彼特式企业家过渡。因此，我们预期中国私营企业演变趋势为更具竞争力和更具创新性。

3.3 企业治理机制的演变分析

中国经济的快速发展促进企业治理机制从基于关系的治理向基于规则的治理过渡（Li et al.，2003）。在经济发展的早期阶段，当市场制度比较薄弱时，大多数商业交易和管理活动都基于个人和隐性机制，如声誉和个人关系而不是由法院强制执行的正式合同。但随着经济发展和市场的扩展，基于关系的治理模式的平均成本将随着搜索与监督成本的增加而增加。相比之下，随着市场的扩张，基于规则的治理商业模式的平均成本将降低，因为固定成本将被更多的企业分担。因此，在商业交易中，企业治理模式将越来越依赖法院和合同等正式机构或机制。

在基于关系的治理下，基于规则的治理基础制度设施没有完全建立起来，因此私营企业家倾向于雇佣其家庭成员作为公司的管理者，而不是外部的职业经理人。随着从基于关系的治理向基于规则的治理转变，职业经理人劳动力市场得到了更好的发展，公司治理模式变得更加正式和专业化。

经济发展也带来了企业融资模式的变化（McMilla et al.，2002）。在经济转型的早期阶段，企业可以通过对留存收益进行再投资和从家庭及朋友等非正式融资渠道获取资金，从而在很大程度上克服了金融市场发展不足的障碍。当企业使用外部资金时，其往往依赖于现有的关系，如国有银行系统中的社会网络和政治关系（Cull et al.，2015）。随着经济转型的进行，企业利润率会因更多的新企业进入而下降，而投资项目变得更大和需要的时间更长，导致企业越来越依赖外部融资而不是内部融资。我们预计，随着经济发展带来的商业模式转型，中国企业将倾向于减少对内部融资的依赖，而更多地依赖于法院和银行等正规机构。

4 指标构建和数据来源

4.1 指标构建

4.1.1 营商环境、企业家精神和企业创新的指标构建

4.1.1.1 营商环境指标

本书主要基于微观数据来构建中国营商环境指数，根据以往相关研究，我们主要关注产权保护、法治水平、基础设施、市场竞争程度等八个指标。

（1）产权保护

本书通过构建两个指标来度量一个地区的产权保护力度。第一个指标是知识产权保护指数，我们使用一个地区的知识产权侵权案件中原告胜诉的比例作为知识产权保护力度的衡量指标，数据来源于"北大法宝"。因为提起知识产权诉讼将产生不菲的经济成本，只有在原告的知识产权的确被侵犯的条件下，原告才有激励提起诉讼，因此这一指标可以衡量在原告的知识产权被侵犯的条件下，法院对原告的支持程度（Ang et al., 2014）。第二个指标是在企业发生的商业和其他纠纷中，企业的合法合同或财产权得到保护的概率，数据来源于2005 年世界银行中国企业调查数据。

（2）法治水平

我们使用三个指标来度量一个地区的司法体系在解决商业纠纷上的效率和公正性。第一个指标是企业在面临商业纠纷的时候选择使用法庭解决纠纷的比例作为法庭解决纠纷效率的衡量指标，数据来源于中国民营企业调查数据。这是因为企业可以选择到本地政府、行业协会等其他渠道解决纠纷，只有法庭解决纠纷效率较高的时候才会选择使用司法解决（Long, 2010；Li et al., 2008）。第二个指标是企业对使用本地法庭解决商业纠纷的满意度，数据来源

于中国民营企业调查数据。第三个指标是企业与所在地的供货商、顾客或是附属商业机构发生商业纠纷时，本地法律系统能够给予公正裁决的概率，数据来源于 2005 年世界银行中国企业调查数据。

（3）基础设施

我们使用中国高速公路时空数据库（China Spatio-Temporal Expressway Database）构建中国各省份和地级市的高速公路密度；使用 CEIC 中国经济数据库构建各地的铁路密度、国道密度和其他道路密度；使用互联网的普及率、光缆线路长度、开通互联网宽带业务的行政村比例度量互联网的可达性，数据来源于国家统计局；使用每千人拥有的公用电话数、每千人拥有的移动电话数度量电信设施的完备程度，数据来源于国家统计局；使用企业每年停电的天数度量供电的稳定性，使用企业安装互联网所需要的天数度量提供基础设施的效率，数据来源于 2005 年世界银行中国企业调查数据。

（4）市场竞争程度

我们将通过中国工业企业数据库和经济普查数据计算各地的 Herfindahl-Hirschman 指数和市场集中度指数，作为度量市场竞争程度的指标。此外，我们还使用各地区的产业指导目录构建各地区对各个产业的进入管制程度。

（5）税费水平

我们主要使用两个指标来度量一个地区的税费水平：一个是税收占企业销售额的比例，作为衡量各地区实际税率的指标，数据来源于中国工业企业数据库和中国民营企业调查数据；另一个是企业缴纳的各种费用占销售收入的比例，作为衡量费率水平的指标，数据来源于中国民营企业调查数据。

（6）腐败程度

我们使用两个指标来度量一个地区的腐败程度：第一个指标是地方政府摊派占企业销售收入的平均比例，数据来源于中国民营企业调查数据；第二个指标是一个地区每万人公职人员中因职务犯罪被提起诉讼的比例，数据来源于历年《中国纪检监察年鉴》。

（7）融资环境

我们使用三个指标来度量企业的融资环境：第一个指标是企业日常运营和扩展业务所需资金中来源于银行贷款的比例，衡量正式金融部门对企业活动的支持程度；第二个指标是企业运营资金中来源于非政府金融机构的比例，度量企业非正式融资可得性；第三个指标是来源于商业伙伴的贸易信贷占总贷款的比例，度量商业信贷的发达程度，数据来源于中国民营企业调查数据。

（8）政企关联

我们以企业家是否为党员、人大代表、政协委员和曾在政府部门工作过的人员来度量企业家是否具有政企关联，并根据一个地区具有政治联系的企业家比例度量政治联系的作用。

4.1.1.2　企业家精神指标

（1）中国私营企业创业指数（CPEA）。我们从创业企业角度来刻画我国创业活跃程度（某地区每万人18~64周岁成年人拥有的过去三年累计新增的私营企业数量），数据来源于GEM中国研究小组。

（2）创业活跃度。本书使用两个指标衡量创业活跃度：第一个指标是各地区就业人员中选择自主创业的比例，数据来源于中国综合社会调查；第二个指标是各地区人均创业的次数，数据来源于中国家庭金融调查。

（3）企业家时间配置。我们以企业家日常工作中用在经营管理上的时间占总工作时间的比例来度量企业家生产性努力水平，数据来源于中国民营企业调查数据。

（4）企业家人力资本。我们使用企业家的年龄、受教育水平来度量企业家的人力资本水平，良好的营商环境有利于年轻和受教育水平较高的企业家创业。

4.1.1.3　企业创新指标

本书同时用创新投入、创新产出和创新质量三个指标来度量企业创新能力。

（1）创新投入指标，包括研发费用、科研人员投入、研发设备投入和专利使用费。

（2）创新产出指标，包括企业拥有的知识产权数、企业自主设计的产品数、企业新产品销售额对数和企业新产品销售额。

（3）创新质量指标，包括专利的引用率以及专利的授权率、撤回率和续期率。

4.1.1.4　企业治理模式

（1）对政治联系的依赖程度。我们以企业家是否为人大代表、政协委员和曾在政府部门工作过的人员来度量企业家对政治联系的依赖程度。

（2）对本地市场的依赖程度。我们以企业在本地市场的销售额占全年总销售收入的比例来度量企业对本地区的依赖程度。

（3）股权集中度。如果股权和管理权高度集中在企业家家族成员手中，则不利于引进外部的管理人员，因此我们以非家族成员持股所占比例来度量股权的集中程度。

（4）管理专业化水平。由于历史的原因，大部分第一代创业的企业家都不具有专业化的经济管理学背景，在管理专业化程度方面受到局限。我们以企业是否使用职业经理人来度量管理专业化水平。

（5）治理结构完善程度。我们以企业是否建立董事会、监事会和职工代表大会制度来度量其治理结构完善程度。

所有变量的符号和定义如表4.1所示。

表4.1 变量的符号和定义

变量名称	相关符号	定义
税收支出	tax	企业缴纳的正式税收总额
收费支出	fee	企业缴纳的各种费用的总额
摊派支出	special assessment	企业缴纳的各种政府摊派的总额
公关招待支出	ETC	企业公关招待费支出
企业资产	ln asset	企业资产总额的对数
企业员工数	ln employee	企业员工总数的对数
企业年龄	firm age	企业年限
女性企业家	female	企业家性别虚拟变量，女性为1，男性为0
受教育年限	year of schooling	企业家受教育年限
年龄	age	企业家年龄
党员	party member	企业家是否为党员虚拟变量，是为1，否为0
人大代表	congress	企业家是否为各级人大代表虚拟变量，是为1，否为0
政协委员	consultative conference	企业家是否为各级政协委员虚拟变量，是为1，否为0
政府工作经历	former cadre	企业家是否曾有政府部门工作经历虚拟变量，是为1，否为0

表4.1(续)

变量名称	相关符号	定义
国有企业工作经历	former manager	企业家是否曾有国有企业管理人员工作经历虚拟变量，是为1，否为0
市场化指数	marketization index	市场化指数
国有经济占比	share of state economy	一个地区国有工业产值占总工业产出的比例
外资投资率	FDI/total investment	一个地区全社会固定资产投资中来源于外资的比例

4.2　数据来源

为了获得企业创新投入和产出指标，本书将获取和整理多个大型微观企业数据库，包括中国民营企业数据库、CSMAR 中国上市公司数据库、中国工业企业数据库、中国专利数据库、世界银行中国企业调查数据库。其中，中国各省份民营企业数据库主要包含中小民营企业和民营企业家的信息；中国工业企业数据库则主要覆盖规模以上的工业企业；CSMAR 中国上市公司数据库包括了中国上市公司的信息；世界银行中国企业调查数据库侧重于企业营商环境方面的调查；中国专利数据库包括专利申请号、申请日、公开日、发明人、申请人、申请人地址、法律状态等非常详细的信息。因此，以上几个数据库可以相互补充。为了使用企业专利申请的全部信息作为企业创新能力的一个核心衡量指标，本书将中国专利数据库、企业数据库和海关数据进行链接。

4.2.1　中国民营企业调查数据

中国民营企业数据来源于全国工商联、中央统战部和中国社会科学院联合主持的全国民营企业抽样调查。从 1991 年开始，该调查采用分层随机抽样的方法，每两年一次在全国抽样调查民营企业和民营企业家的信息。调查问卷不仅收集了企业主的个人信息如年龄、性别、受教育程度、以往的工作经历、家庭背景和参政议政等情况，同时还收集了企业的信息如企业规模、发展历史、治理结构、资金构成、经营状况等。该数据是目前包含中国民营企业和企业家信息最全、跨度时间最长的数据。我们使用该数据构建民营企业创新和企业家精神指标。中国工业企业数据库则主要覆盖规模以上的民营工业企业和所有国有工业企业,该数据库的样本产值占中国制造业总产值的95%,具有很好的代表性,我们利用该数据库考察不同所有制的企业外部环境的差异。中国各省份民营企业数据汇总(1993—2012)如表4.2所示;中国民营企业数据各行业分布如表4.3所示。

表 4.2　中国各省份民营企业数据汇总（1993—2012）

省份	年份										
	1993	1995	1997	2000	2002	2004	2006	2008	2010	2012	合计
安徽	30	57	113	78	79	99	52	105	117	139	869
北京	21	67	55	117	174	100	227	160	189	222	1 332
重庆	0	0	0	0	0	0	0	161	149	167	477
福建	77	132	71	63	79	84	65	53	131	182	937
甘肃	24	18	45	36	29	75	109	60	76	86	558
广东	233	426	89	193	248	244	389	341	371	375	2 909
广西	25	36	141	47	43	65	26	69	76	92	620
贵州	30	42	0	66	94	65	22	88	136	124	667
海南	48	41	0	54	50	86	17	23	76	78	473
河北	57	99	186	198	128	42	163	162	174	172	1 381
黑龙江	20	49	0	101	60	25	139	130	136	153	813
河南	60	77	199	143	75	70	69	157	128	139	1 117
湖北	30	127	150	125	88	180	192	190	242	222	1 546
湖南	45	41	0	64	40	36	124	77	111	107	645
江苏	60	192	57	279	504	242	438	393	363	501	3 029
江西	25	55	105	61	41	71	157	87	60	51	713
吉林	31	90	0	80	39	80	30	90	138	198	776
辽宁	129	175	22	148	116	99	189	156	202	204	1 440
内蒙古	75	39	0	45	50	80	30	73	52	56	500
宁夏	8	10	1	20	24	11	14	52	37	44	221
青海	12	4	0	11	10	50	10	40	75	43	255
陕西	35	58	91	114	150	118	49	92	118	120	945
山东	81	240	130	250	207	260	193	287	293	391	2 332
上海	0	89	59	180	338	238	430	336	321	330	2 321

表4.2(续)

省份	年份										
	1993	1995	1997	2000	2002	2004	2006	2008	2010	2012	合计
山西	29	87	44	76	50	25	37	77	96	102	623
四川	54	137	120	157	149	172	155	157	208	172	1 481
天津	35	101	59	100	54	74	38	99	100	102	762
新疆	19	33	0	51	51	24	47	64	27	76	392
西藏	2	1	0	10	10	8	10	8	17	14	80
云南	15	19	49	41	49	50	35	68	93	84	503
浙江	129	325	160	165	229	237	379	243	302	327	2 496
合计	1 439	2 867	1 946	3 073	3 258	3 010	3 835	4 098	4 614	5 073	33 213

数据来源：根据中国民营企业数据库相关数据整理。

表4.3 中国民营企业数据各行业分布

所在行业	数目/家	所占比例/%	累计占比/%
农林牧渔	1 479	5.85	5.85
采据	428	1.69	7.55
制造	10 648	42.15	49.70
电力、煤气及水	247	0.98	50.67
建筑	1 655	6.55	57.22
交通运输	687	2.72	59.94
信息服务	529	2.09	62.04
批发零售	2 514	9.95	71.99
住宿餐饮	3 534	13.99	85.98
金融	81	0.32	86.30
房地产	720	2.85	89.15
租赁	209	0.83	89.97
科研技术	497	1.97	91.94
公共设施	32	0.13	92.07
居民服务	1 131	4.48	96.54
教育	188	0.74	97.29

所在行业	数目/家	所占比例/%	累计占比/%
卫生	208	0.82	98.11
文化体育	116	0.46	98.57
公共管理	361	1.43	100
合计	25 264	100	—

数据来源：根据中国民营企业数据库相关数据整理。

4.2.2　中国专利数据库

企业专利的信息来自中国专利数据库，包括专利申请号、申请日、公开日、发明人、申请人、申请人地址、法律状态等非常详细的信息。因此，以上几个数据库可以相互补充。为了使用企业专利申请的全部信息作为企业创新能力的一个核心衡量指标，本书将专利数据库、企业数据库进行链接，我们根据企业名称、代码、邮政编码、电话号码等信息进行最优模糊匹配。为了获得地区一级的指标，我们对微观数据进行加总。例如，我们通过加总民营企业和世界银行投资环境调查数据库，可以得到我国各地区民营和其他企业的分布以及它们的经营环境信息，而加总专利数据库可以反映各地区创新能力和知识产权保护程度的不同。

4.2.3　中国工业企业数据库

中国工业企业数据库的统计范围是中国大陆地区销售额500万元以上（2011年起为2 000万元以上）的工业企业，即包括国有企业、集体企业、股份合作企业、联营企业、有限责任公司、股份有限公司、私营企业、其他内资企业、港澳台商投资企业、外商投资企业。统计变量包括企业基本情况、企业财务情况、企业生产销售情况。工业的统计口径包括"采掘业""制造业""电力、燃气及水的生产与供应业"三个门类，涵盖中国工业制造业40多个大产业、90多个种类、600多个子行业。

中国工业企业数据库的特点是统计指标比较多、统计范围比较全、分类目录比较细、准确程度要求高。由各省（自治区、直辖市）统计局和国务院各有关部门报送给国家统计局。

我们将省一级的营商环境信息与企业信息和企业家信息进行匹配，以研究营商环境的影响。中国各省份工业企业数据汇总（1998—2007）如表4.4所示。

表 4.4　中国各省份工业企业数据汇总（1998—2007）　单位：家

省份	年份										
	1998	1999	2000	2001	2002	2003	2004	2005	2006	2007	合计
安徽	3 371	3 356	3 243	3 244	3 460	3 806	4 360	4 817	6 005	7 508	43 170
北京	4 391	5 109	4 053	4 261	4 456	3 934	6 710	6 142	6 231	6 221	51 508
重庆	1 761	1 751	1 819	1 847	1 857	2 017	2 343	2 583	2 798	3 405	22 181
福建	5 591	5 045	5 486	6 031	6 904	8 639	11 303	11 602	12 834	14 212	87 647
甘肃	1 307	1 775	2 347	2 549	2 593	2 357	1 567	1 349	1 359	1 414	18 617
广东	16 809	17 672	18 550	19 630	21 534	23 473	33 678	34 123	36 451	41 199	263 119
广西	2 670	2 500	2 519	2 538	2 399	2 400	3 203	3 152	3 504	3 855	28 740
贵州	1 630	1 688	1 637	1 663	1 672	1 700	1 980	1 949	1 847	1 615	17 381
海南	508	461	472	462	455	473	525	463	458	383	4 660
河北	6 709	6 536	6 389	6 800	6 813	7 132	8 258	8 736	9 321	9 587	76 281
黑龙江	2 951	2 448	2 188	2 053	2 114	2 155	2 857	2 408	2 448	2 669	24 291
河南	9 057	8 678	8 685	8 533	8 459	7 974	10 124	9 374	10 273	11 860	93 017
湖北	6 715	6 234	5 678	5 599	5 575	5 724	5 738	6 196	6 872	8 188	62 519
湖南	3 838	4 044	4 049	4 167	4 529	5 016	6 357	6 675	7 494	8 519	54 688
江苏	17 397	17 408	17 749	19 128	20 939	23 467	40 349	31 749	35 819	41 312	265 317
江西	3 187	3 026	2 896	2 637	2 494	2 579	3 644	3 711	4 503	5 198	33 875
吉林	2 409	2 394	2 327	2 226	2 193	1 957	3 007	2 329	2 752	3 443	25 037
辽宁	5 678	5 253	5 464	5 307	5 460	6 203	10 451	10 299	13 323	14 955	82 393
内蒙古	1 107	1 005	984	978	1 028	1 228	1 654	1 825	2 232	2 482	14 523
宁夏	435	415	339	338	327	358	565	584	640	635	4 636
青海	408	394	316	271	272	270	329	284	306	344	3 194
陕西	2 240	2 160	2 128	2 030	2 030	2 038	2 561	2 307	2 532	2 621	22 647
山东	10 245	10 242	10 560	11 164	12 327	15 195	22 754	26 242	30 474	34 645	183 848
上海	9 331	9 260	8 514	9 697	9 994	11 033	15 680	14 727	14 322	15 023	117 581
山西	2 906	2 459	2 400	2 414	2 495	2 534	3 214	2 631	2 699	2 418	26 170
四川	4 160	3 774	3 686	3 862	4 146	4 655	6 307	6 744	7 585	9 018	53 937
天津	5 309	5 121	5 312	5 431	5 233	5 243	6 341	6 021	6 189	6 250	56 450
新疆	1 410	1 241	1 091	949	921	923	1 090	1 077	1 083	1 189	10 974
西藏	221	210	234	242	227	208	89	97	97	56	1 681
云南	1 975	1 654	1 638	1 564	1 621	1 579	1 920	1 827	1 981	2 027	17 786
浙江	12 958	12 782	14 073	18 111	21 332	24 914	40 435	39 476	44 850	50 795	279 726
合计	148 684	146 095	146 826	155 726	165 859	181 184	259 393	251 499	279 282	313 046	2 047 594

数据来源：根据中国工业企业数据库相关数据整理。

5　研究方法和模型

5.1　营商环境对企业家精神和企业创新的影响分析

基于营商环境和企业创新的发展演变规律，我们通过实证研究方法检验营商环境对企业家精神和企业创新的影响。

5.1.1　整体营商环境的影响分析

我们通过主成分分析方法并参考王小鲁等（2017）构造各地区市场化指数的方法构建各地区总体营商环境指数，并应用总体营商环境指数考察营商环境变迁对企业家精神和企业创新的影响。我们通过线性回归方法估计营商环境的影响。

对企业一级的创新和企业家精神回归模型设定如下：

$$Y_{ijt} = \beta_0 + \beta_1 \text{Businessclimate}_{jt} + \beta_2 X_{ijt} + \beta_j + \beta_t + \varepsilon_{ijt} \qquad (5.1)$$

其中，Y_{ijt} 是来自省份 j，年度 t 的企业 i（或者企业家 i 的）创新或者企业家精神指标；$\text{Businessclimate}_{jt}$ 是省份 j 在 t 年的总体营商环境指数；X_{ijt} 是一系列控制变量，包括企业特征和企业家特征；β_j 和 β_t 分别是省份固定效应和年度固定效应。

地区一级的回归模型设定如下：

$$Y_{jt} = \beta_0 + \beta_1 \text{Businessclimate}_{jt} + \beta_2 X_{jt} + \beta_j + \beta_t + \varepsilon_{jt} \qquad (5.2)$$

其中，Y_{jt} 是来自省份 j，年度 t 的地区一级创新或者企业家精神指标；$\text{Businessclimate}_{jt}$ 是省份 j 在 t 年的总体营商环境指数；X_{jt} 是一系列地区级控制变量；β_j 和 β_t 分别是省份固定效应和年度固定效应。

针对研究中可能存在的内生性问题，本书采取工具变量方法解决。具体而言，我们采用以下几个工具变量：第一，我们使用一个地区在清代和民国的商会的数目作为当代营商环境的工具变量，这是因为旧时商会的存在对一个地区的商业环境具有一定影响，而这些影响将通过历史传承至今（邵传林，2016）。第二，我们采用一个地区在新中国成立初期的官员学历水平作为工具变量。新中国成立初期的官员分配具有一定的历史性和偶然性，官员学历越高，越具有商业意识，新中国成立后的营商环境的起点越好（邓宏图 等，2016）。第三，我们采用一个地区的矿产、石油等自然资源的数量作为工具变量。自然资源丰富的地区在很长的历史时期内多集中发展资源密集型的国有企业，具有较浓厚的计划经济传统，在构建营商环境方面的意识相对薄弱（Kung et al.，2016）。第四，我们采用一个地区开埠通商的历史作为工具变量，因为在近代历史上向西方学习更多、受西方影响更深的地区，会有更强的市场经济观念和意识（董志强 等，2012）。

我们利用所选取的工具变量，采用两阶段最小二乘法估计营商环境对企业创新和企业家精神的影响。

工具变量的第一阶段回归为

$$\text{Businessclimate}_{jt} = \delta_0 + \delta_1 \times \text{Instrumentalvariables}_{jt} + \varepsilon_{jt}$$

我们将第一阶段回归中的营商环境拟合值 $\widehat{\text{Businessclimate}}_{jt}$ 代入第二阶段作为解释变量，得到第二阶段估计系数：

$$Y_{jt} = \beta_0 + \beta_1 \widehat{\text{Businessclimate}}_{jt} + \beta_2 X_{jt} + \beta_j + \beta_t + \varepsilon_{jt} \qquad (5.3)$$

通过工具变量回归，有助于我们从历史和文化的视角理解我国各地区营商环境演化的历史路径和逻辑。

5.1.2 分项指标的影响分析

基于整体营商环境指数的分析，我们进一步考察营商环境中的各个要素对企业创新和企业家精神的影响。具体而言，我们将考察产权保护（property protection）、法庭质量（court quality）、基础设施（infrastructure）、市场竞争程度（market competition）、税费水平（tax and fee）、腐败程度（corruption）、融资环境（financial access）七个方面的营商环境的影响。

回归模型设定如下：

$$\begin{aligned} Y_{jt} = &\beta_0 + \beta_1 \text{ property protection}_{jt} + \beta_2 \text{ court quality}_{jt} + \beta_3 \text{ infrastructure}_{jt} + \\ &\beta_4 \text{ market competition}_{jt} + \beta_5 \text{ tax and fee}_{jt} + \beta_6 \text{ corruption}_{jt} + \\ &\beta_7 \text{ financial access}_{jt} + \beta_8 X_{jt} + \beta_j + \beta_t + \varepsilon_{jt} \end{aligned} \qquad (5.4)$$

其中，Y_{jt} 是来自省份 j，年度 t 的企业创新或者企业家精神指标；X_{jt} 是一系列控制变量；β_j 和 β_t 分别是省份固定效应和年度固定效应。

我们预期产权保护、法庭质量、基础设施、市场竞争和融资可得性将对企业家精神和企业创新产生正向影响，而税费水平和腐败将产生负面影响。

5.1.3 营商环境的异质性分析和非线性分析

由于营商环境在不同的经济发展阶段和不同的制度条件下可能产生不同的影响，我们对营商环境的影响进一步做异质性与非线性分析。

具体而言，我们考察营商环境对于经济发展水平不同的地区，不同规模、所有制的企业的作用是否存在显著差异。回归模型设定如下：

$$Y_{ijt} = \beta_0 + \beta_1 \text{Businessclimate}_{jt} \times \text{Heterogeneity}_{ijt} + \beta_2 X_{ijt} + \beta_j + \beta_t + \varepsilon_{ijt}$$

$$(5.5)$$

其中，Y_{ijt} 是来自省份 j，年度 t 的企业 i（或者企业家 i 的）创新或者企业家精神指标；$\text{Businessclimate}_{jt}$ 是省份 j 在 t 年的总体营商环境指数；X_{ijt} 是一系列控制变量，包括企业特征和企业家特征；β_j 和 β_t 分别是省份固定效应和年度固定效应；$\text{Heterogeneity}_{ijt}$ 是代表人均 GDP、国有企业、企业规模等的企业级和地区级异质性指标。我们预期，营商环境的改善将使得民营企业和规模更小的企业受益更大，将对欠发达地区的企业家精神促进作用更大。

考虑到营商环境与企业家精神和企业创新之间可能存在复杂的非线性关系，我们进一步采用非线性模型分析营商环境的影响。相比其他计量经济学方法，门限自回归模型能够避免人为因素对确定分界点的影响。因此，本书利用 Tong（1978）提出的门槛面板模型实证营商环境对企业家精神和创新的影响效应关系。

门限回归模型设定如下，其中模型（5.6）为单一门槛模型，模型（5.7）为双重门槛模型：

$$Y_{jt} = \beta_0 + \beta_1 \text{Businessclimate}_{jt} \times I(q_{it} \leq \gamma) + \beta_2 \text{Businessclimate}_{jt} \times I(q_{it} \geq \gamma) + \beta_3 X_{jt} + \beta_j + \beta_t + \varepsilon_{jt}$$

$$(5.6)$$

$$Y_{jt} = \beta_0 + \beta_1 \text{Businessclimate}_{jt} \times I(q_{it} \leq \gamma_1) + \beta_2 \text{Businessclimate}_{jt} \times I(\gamma_1 \leq q_{it} \leq \gamma_2) + \beta_3 \text{Businessclimate}_{jt} \times I(q_{it} \geq \gamma_2) + \beta_4 X_{jt} + \beta_j + \beta_t + \varepsilon_{jt}$$

$$(5.7)$$

其中，q_{it} 为各地区的营商环境指数得分，γ 为特定门限值。考虑到我国各地区在经济发展水平、文化和制度条件等方面存在的巨大差异，门限模型回归的结果将对各地区制定本地营商环境相关的政策提供参考。

5.1.4　正式制度和非正式制度的相互作用分析

以往研究对营商环境中非正式制度的关注相对较少，从理论上说，非正式制度和正式制度既可以起到相互补充作用，也可以起到相互替代作用（Williamson，2000）。为了检验正式制度和非正式制度之间的关系，我们通过主成分分析方法分别得到非正式制度的指数（informal institution）和正式制度（formal institution）的指数。具体回归模型设定如下：

$$Y_{jt} = \beta_0 + \beta_1 \text{ formal institution}_{jt} \times \text{informal institution}_{jt} +$$
$$\beta_2 \text{ formal institution}_{jt} + \beta_3 \text{ informal institution}_{jt} + \beta_4 X_{jt} + \beta_j + \beta_t + \varepsilon_{jt}$$
$$(5.8)$$

其中，Y_{jt} 是来自省份 j，年度 t 的企业创新或者企业家精神指标；formal institution$_{jt}$ 是省份 j 在 t 年的正式制度指数；informal institution$_{jt}$ 是省份 j 在 t 年的非正式制度指数；X_{jt} 是一系列控制变量；β_j 和 β_t 分别是省份固定效应和年度固定效应。

5.2　营商环境的内生性与工具变量方法

营商环境和地区经济发展状况密切相关，而且受到地区历史、文化、习俗等因素的影响。虽然本书采用的面板数据模型可以控制一个地区不随时间变化的因素如历史、地理位置等的影响，但是依然可能遗漏随时间变化的因素，使得回归分析结果可能受到遗漏变量的影响。此外，企业家的活动也会对地区营商环境产生影响，如企业家可以通过参政议政以及参加政府组织的论坛、会议来推动地方政府改善本地区营商环境（Long et al.，2015）。因此，我们估计营商环境对企业家精神和企业创新的影响存在内生性问题。

为了克服可能存在的内生性问题，本书从历史文化的角度研究中国营商环境的起源和发展脉络，拟采用工具变量的方法克服内生性。具体而言，参考5.1 节的相关内容，这里不再重复。

营商环境对企业创新和企业家精神的影响可以用以下公式表示：

$$Y_{jt} = \beta_0 + \beta_1 \text{ Businessclimate}_{jt} + \beta_2 X_{jt} + \beta_j + \beta_t + \varepsilon_{jt} \qquad (5.9)$$

其中，Y_{jt} 是来自省份 j，年度 t 的地区一级企业创新或者企业家精神指标；Businessclimate$_{jt}$ 是省份 j 省在 t 年的总体营商环境指数；X_{jt} 是一系列地区级控制变量；β_j 和 β_t 分别是省份固定效应和年度固定效应。

研究中的一个难点是可能存在的遗漏变量、测度误差和反向因果关系，从而使得普通最小二乘法的估计结果发生偏误，对此我们采用工具变量法解决。具体而言，我们将采用四个工具变量：一个地区在清代和民国的商会的数目（IV1），一个地区在新中国成立初期的官员学历水平（IV2），一个地区的矿产、石油等自然资源的数量（IV3），一个地区开埠通商的历史（IV4）。工具变量第一阶段回归模型为

$$\text{Businessclimate}_{jt} = \beta_0 + \delta_1\,\text{IV1}_{jt} + \delta_2\,\text{IV2}_{jt} + \delta_3\,\text{IV3}_{jt} +$$
$$\delta_4\,\text{IV4}_{jt} + \beta_1\,X_{jt} + \beta_j + \beta_t + \varepsilon_{jt} \qquad (5.10)$$

我们将第一阶段回归中的营商环境拟合值 $\widehat{\text{Businessclimate}}_{jt}$ 代入第二阶段作为解释变量，得到第二阶段估计系数为

$$Y_{jt} = \beta_0 + \beta_1\,\widehat{\text{Businessclimate}}_{jt} + \beta_2\,X_{jt} + \beta_j + \beta_t + \varepsilon_{jt} \qquad (5.11)$$

因为本书有四个工具变量，我们将对工具变量的有效性进行检验。我们首先检验第一阶段 F 值，以检验本书使用的工具变量是否为弱工具变量；其次为了检验工具变量的外生性，我们将进行过度识别检验。

5.3 营商环境演变对企业创新的非线性作用：门限面板回归模型的应用

营商环境对企业创新可能存在复杂的影响。例如，较为严格的知识产权保护有利于保护现有企业的知识产权收益不受侵犯，但是提高了潜在的企业家进入该行业的门槛，减少了其他企业进行产品学习和技术模仿学习的机会。因此，我们用门限面板回归模型研究营商环境的影响。

5.3.1 模型设定

门限回归模型设定如下，其中模型（5.12）为单一门槛模型，模型（5.13）为双重门槛模型：

$$Y_{jt} = \beta_0 + \beta_1\,\text{Businessclimate}_{jt} \times I(q_{it} \leq \gamma) + \beta_2\,\text{Businessclimate}_{jt} \times$$
$$I(q_{it} \geq \gamma) + \beta_3\,X_{jt} + \beta_j + \beta_t + \varepsilon_{jt} \qquad (5.12)$$
$$Y_{jt} = \beta_0 + \beta_1\,\text{Businessclimate}_{jt} \times I(q_{it} \leq \gamma_1) +$$
$$\beta_2\,\text{Businessclimate}_{jt} \times I(\gamma_1 \leq q_{it} \leq \gamma_2) + \beta_3\,\text{Businessclimate}_{jt} \times$$
$$I(q_{it} \geq \gamma_2) + \beta_4\,X_{jt} + \beta_j + \beta_t + \varepsilon_{jt} \qquad (5.13)$$

其中，q_{it} 为各地区的营商环境指数得分，γ 为特定门限值。

5.3.2 假设检验

5.3.2.1 门槛效应显著性的检验

尽管我们在研究之初就对是否存在门限效应进行了存在假设，但这种门限效应是否具有统计意义的显著性，则需进一步检验。我们将假设不存在门限效应表示为 $H_0: \beta_1 = \beta_2$（原假设），那么另一种可能便是 $H_1: \beta_1 \neq \beta_2$（备择假设）。

其中，β_1 的 OLS 估计量为 $\hat{\beta}_1$，对应的估计残差为 $\hat{e}_{it}$，残差平方和为 $S_0 = \hat{e}_{it} \times {'}\hat{e}_{it}$。可以计算得出似然比检验（likelihood ratio test）的统计量为

$$F_1 = [S_0 - S_1(\hat{\gamma})] / \sigma_\varepsilon^2 = [S_0 - S_1(\hat{\gamma})] / [S_1(\hat{\gamma})/n(T-1)] \quad (5.14)$$

在原假设 H_0 下，由于此时传统检验统计量的分布是非标准的，会出现"davies problem"，导致门限值 γ 无法识别。我们利用 Hansen（1999）提出的 Bootstrap 方法对样本的渐进分布进行研究，以模拟似然比检验的渐进分布，并获得其一阶渐进分布，从而确定是否存在门限效应。

5.3.2.2 门槛估计值的渐进分布特征

若认为 $\beta_1 \neq \beta_2$，即存在门槛效应，则可以根据 Hansen（1999）的研究认定 $\hat{\gamma}$ 是 γ_0 的一致估计量。尽管如此，由于前期研究的渐进分布情况为高度的非标准形态，我们应该对其进行似然比检验，利用似然比统计量构造出"非拒绝域"，因此对原假设中 $H_0: \gamma = \gamma_0$ 的似然比统计量应该表示为

$$LR_1(\gamma) = [S_1(\gamma) - S_1(\hat{\gamma})] / \hat{\sigma}^2 \quad (5.15)$$

如果 $LR_1(\gamma_0)$ 的值足够大，就拒绝原假设。

对双重门槛模型的估计，为了减小运算量，本书采用"循环法"进行估计。在含有多个结构突变点的模型中，该方法能够得到参数的一致估计量，如 Bai（1997）以及 Bai 和 Perron（1998）的研究。

6 营商环境演变分析

以往研究认为，在经济发展的不同阶段，企业对制度的依赖程度是不同的。在经济发展初期，法律、合同保护等正式制度比较薄弱，大多数商业交易和管理活动都是基于个人和隐性机制，如声誉和个人关系，而不是由法院强制执行的正式合同（Li et al., 2003）。但随着业务规模的扩大，由于搜寻和执行成本增加，以关系为基础的商业模式运行成本将越来越高；相反，随着市场的扩大，以法律和规则作为基础的商业模式的平均成本会降低，因为建立和维护法律制度的固定成本将被更多的公司分摊。因此，企业在商业交易中将越来越依赖于正式的机制，如法院和正式合同。基于以上理论，我们主要对中国营商环境的演变做以下分析：

第一，从时间维度来看，随着经济发展水平的提高，产权保护和合同执行所起到的作用是否越来越大。从空间维度来看，是否发达地区的企业发展更加依赖于产权保护和合同执行，而不是依赖于个人关系和政企联系。这一分析将有助于我们分析正式制度和非正式制度在营商环境中的作用变化。

第二，从时间维度来看，企业家是否越来越依赖于使用本地法庭解决商业纠纷，企业家对法庭解决纠纷的满意度是否逐渐提高。从空间维度来看，是否发达地区的企业发展更加依赖于使用本地法庭解决商业纠纷。通过这一分析，有助于我们了解营商环境中的法治水平是如何发展变化的。

第三，从时间维度上比较分析哪些基础设施改进比较快，哪些改进比较缓慢？基础设施的空间差异是在缩小还是在扩大？

第四，市场竞争程度是否随着经济的发展而增强？经济发达地区是否对企业进入的管制较少？市场竞争程度的差异在不同的地区之间如何发展变化？

第五，企业税负负担是否随着经济的发展而减轻？通过分析不同规模、所有制和行业的税费负担变化，我们将考察税费征收方面是否越来越范性，从而对营商环境中的税费负担的现状和趋势做出评价。

第六，企业融资模式是如何发展变化的？我们将检验从总体上而言企业融资环境是否改善。通过分析不同规模、所有制和行业的企业融资条件变化，我们将分析融资条件的差异在不同企业之间如何发展变化，从而考察金融市场在资金分配上是否越来越有效率。此外，我们还将检验来自正式金融机构的融资和非正式金融机构的融资的相对变化，检验企业是否越来越依赖于正式融资方式。

第七，通过将本书构建的营商环境指标和世界银行构建的世界各国营商环境指标做横向对比，探讨我国营商环境的主要制约因素，检验我国营商环境和发达国家的差距是否随着经济发展水平提高而缩小。

6.1 国有企业比例变迁

在过去数十年中，尽管中国市场迅速扩张，但政府在制定规则和直接控制经济资源配置方面仍然至关重要。如图 6.1 所示，自 20 世纪 90 年代中期以来，国有企业在工业产出和工业总资产中的份额大幅下降，这可能是因为国有企业的所有权改革（Xu et al., 2005）。尽管如此，在 2012 年之前，国有企业在工业行业仍占有相当大的份额，约占工业产出的 30% 和工业资产的 40%。相比之下，外资企业在工业产出和工业资产中所占份额都大幅上升，特别是中国加入 WTO 以后上升更为明显，其间在 2008 年全球金融危机后略有下降（见图 6.2）。在不同所有制的区域分布中，双轨发展模式也明显地重新出现。与沿海地区相比，由于政府对经济资源的控制力度更大，国有制在内陆地区的作用也更大（见图 6.3）。然而，在沿海地区，外资企业所占份额明显高于内陆地区，这体现了市场力量在资源配置中的作用（见图 6.4）。

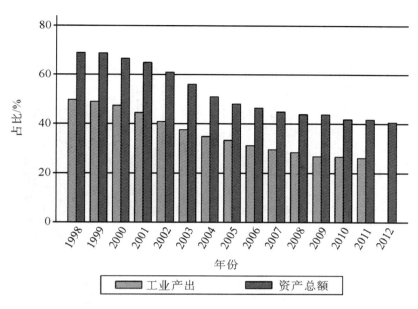

图 6.1 国有企业在工业行业的占比变化

数据来源：根据相关的《中国统计年鉴》数据整理。

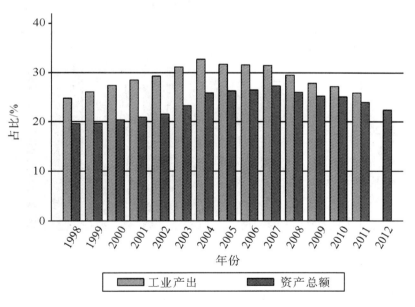

图 6.2 外资企业在工业行业的占比变化

数据来源：根据相关的《中国统计年鉴》数据整理。

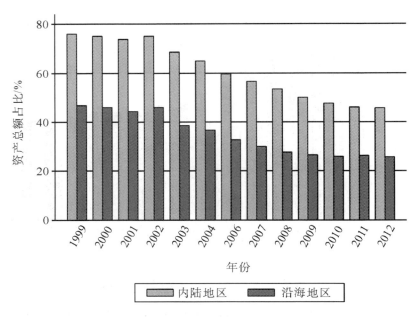

图 6.3　国有企业在工业行业的占比变化：不同地区对比

数据来源：根据相关的《中国统计年鉴》数据整理。

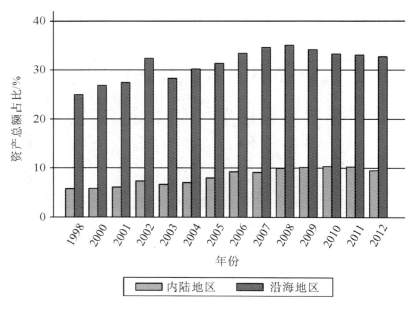

图 6.4　外资企业在工业行业的占比变化：不同地区对比

数据来源：根据相关的《中国统计年鉴》数据整理。

营商环境变迁对企业家精神与企业创新的影响研究

6.2 产权制度变迁

为了衡量中国企业产权保护的质量，我们使用了两个指标：第一个指标涉及知识产权（IP）权利保护，由原告在当地法院胜诉的知识产权侵权案件的比例度量。鉴于提起知识产权侵权案件诉讼的巨大经济成本，知识产权所有人赢得知识产权侵权案件的可能性可以很好地度量地方司法机关对知识产权的重视程度（Ang et al.，2014）。第二个指标是根据公司对世界银行企业调查（WBES）中相关问题的回答，衡量当地法律制度对公司产权和法律合同的保护程度，即"关于商业或其他法律纠纷，在判决下达和执行时，贵公司的合法合同或财产受到保护的案例占多大比例"。

法院在大多数知识产权侵权案件中支持原告，超过80%的原告在当地法院胜诉（见表6.1中的A组）。到2013年，原告胜诉的知识产权侵权案件比例稳步上升至90%以上，这表明知识产权保护水平不断提高，而各省份之间的知识产权保护力度存在显著差异。世界银行企业调查中出现了一个关于区域差异的更清晰的模式，沿海地区的公司往往比内陆地区的公司受到更好的产权与法律合同保护（见表6.1中的B组）。

表6.1　产权保护制度

A组：原告在当地法院胜诉的知识产权侵权案件的比例							
2006	2007	2008	2009	2010	2011	2012	2013
0.814	0.833	0.855	0.865	0.876	0.815	0.875	0.918
B组：合法合同或财产受到保护的案例占比							
内陆地区	0.601						
沿海地区	0.668						

数据来源：原告在当地法院胜诉的知识产权侵权案件的比例来自北大法宝法律数据库；合法合同或财产受到保护的案例占比数据来自世界银行企业调查（WBES）。

6.3 基础设施

我们以多种方式度量基础设施质量。首先是关注道路，通过利用统计年鉴中的数据，我们构建了各省份的公路和高速公路长度等指标。其次，通过使用WBES 数据，我们构建了能源供应能力（停电频率）和电信服务效率（安装新电话所需的天数和接入互联网服务所需的天数）的指标。最后，我们收集了有关互联网接入的数据，因为互联网接入对全世界的公司销售增长和生产力水平有显著影响，并且是一种通用技术（Clarke et al.，2015）。

表 6.2 中的 A 组显示，在经济改革期间，中国的基础设施建设取得了巨大进步，公路、铁路和高速公路的数量急剧增加。例如，1993 年省级公路平均长度约为 3.6 万千米，2015 年增至 14.77 万千米；1995—2005 年，互联网服务覆盖的人口比例从 4.6%增加到 50%以上。这些数字表明，中国企业过去数十年中在基础设施体系方面经历了巨大的飞跃，同时基础设施质量也呈现出巨大的区域差异。与沿海地区的企业相比，内陆地区的企业面临更频繁的停电、更多的电话与互联网服务中断和更高的电话与互联网服务接入成本（见表 6.2 中的 B 组）。

表 6.2 基础设施数量和质量①

A 组：公路和铁路基础设施					
年份	公路里程/万千米	互联网覆盖率/%	每百人移动电话数/个	铁路里程/万千米	高速公路里程/万千米
1993	3.611	—	2.20	0.201	0.011
1994	3.727	—	3.20	0.202	0.012
1995	3.856	—	4.66	0.205	0.015
1996	3.902	—	6.33	0.218	0.020
1997	3.956	—	8.11	0.220	0.020
1998	4.125	—	9.95	0.221	0.032
1999	4.360	—	13.12	0.218	0.042

---

① 为方便统计，部分数据单位统一用"万千米"。

表 6.2(续)

A 组：公路和铁路基础设施				
年份	公路里程/万千米	互联网覆盖率/%	每百人移动电话数/个	铁路里程/万千米	高速公路里程/万千米
2000	4.525	—	19.10	0.195	0.058
2001	5.477	—	26.55	0.234	0.065
2002	5.694	—	33.67	0.240	0.083
2003	5.838	4.6	42.16	0.244	0.098
2004	6.035	6.2	50.03	0.249	0.110
2005	6.227	7.3	57.22	0.252	0.137
2006	11.15	8.5	63.40	0.249	0.146
2007	11.56	10.5	69.45	0.252	0.180
2008	12.03	16.0	74.29	0.257	0.201
2009	12.46	22.6	79.89	0.276	0.217
2010	12.93	28.9	86.41	0.294	0.248
2011	13.25	34.3	94.81	0.302	0.283
2012	13.67	38.3	103.10	0.315	0.320
2013	14.05	42.1	109.95	0.333	0.348
2014	14.40	47.9	112.26	0.361	0.362
2015	14.77	50.3	109.30	0.390	0.397
B 组：基础设施的质量和稳定性				
地区	每年停电的次数/次	每月电话服务中断的次数/次	每月互联网的中断次数/次	安装新电话所需天数/天	获得互联网服务所需天数/天
内陆	11.43	0.496	1.035	2.863	3.789
沿海	11.15	0.297	0.828	2.965	3.718

数据来源：公路和铁路基础设施数据来自相关的《中国统计年鉴》；基础设施的质量和稳定性的数据来自世界银行企业调查（WBES）。

6.4 规制与市场竞争

关于政府监管，我们重点关注企业进入（通过竞争水平体现）以及政府征用活动的监管。本书使用特定行业的赫芬达尔—赫希曼指数（以下简称"HH指数"）度量该行业的竞争程度。通过对中国最大的工业企业数据集——年度工业企业调查，我们探讨了竞争是如何随时间变化的，以及不同地区之间的差异。随着时间的推移，竞争程度显著上升（见图6.5）。2001年中国加入WTO以后，这种增长最为明显。竞争的增加用了大约三年时间才完成，并在2004—2007年基本稳定。此外，内陆地区的企业面临的竞争要比沿海地区的企业激烈得多，而沿海地区的市场更发达，企业集中度也更高（见图6.6）。

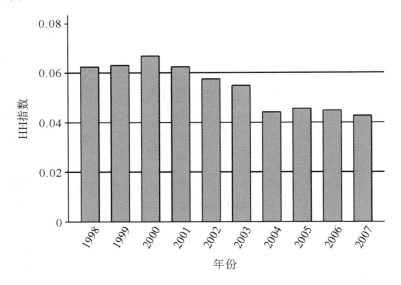

图6.5 行业竞争程度变化

数据来源：根据相关的中国工业企业调查数据整理。

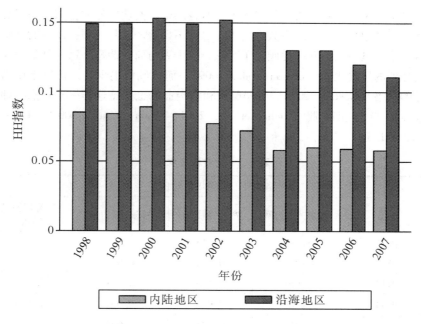

图 6.6 行业竞争程度变化：不同地区对比

数据来源：根据相关的中国工业企业调查数据整理。

6.5 税费水平

我们用三个指标来度量政府对企业征收的税费水平。第一个指标是传统的税收负担，这是全世界企业家最常见的抱怨来源。在转型经济体中，税收征管过程的不正规性，加上管理不善和腐败，给纳税遵守者带来了沉重的负担，从而扭曲了竞争。第二个指标是地方政府收取的费用和摊派，这些费用比税收更随意，可能给企业带来的负担更大（Fisman et al., 2007）。第三个指标是企业公关招待的费用，这些费用主要与商业贿赂和腐败活动有关。

尽管中国私营部门发展迅速（见表 6.3 中的 A 组），但私营企业面临的税费水平并没有显著下降，这表明政府在与企业的互动中继续发挥着非常重要的作用。传统税收和其他费用的负担在过去数十年中基本保持稳定。平均而言，私营企业将其收入的 2% 用于公关招待，但大型企业和沿海地区的企业面临的税费水平更低（见表 6.3 中的 B 组和 C 组）。

表 6.4 进一步表明，企业家的政企关联使私营企业获得更低的税费水平，

而小型企业平均面临更大的税费水平。有趣的是，女性领导的公司承担了更高的收费，其他指标结果的系数也为正，尽管不显著。这与一项新出现的文献相一致，该文献表明，女性更倾向于互惠，较少参与商业贿赂，这部分是由于她们更强烈的风险厌恶（Croson et al.，2009），而且她们很少进入传统上由男性主导的网络（Goetz，2007）。公司层面和跨国证据也支持这样一种观点，即女性较少参与商业腐败（Dollar et al.，2001；Swamy et al.，2001；Hanousek et al.，2017）。

表 6.3　企业税费水平

A 组：不同年份对比			
年份	税收/销售额	费用/销售额	摊派/销售额	公关招待费/销售额
1993	0.056	0.015	—	—
1995	0.067	0.030	0.040	0.089
1997	0.063	0.025	0.008	0.021
2000	0.058	0.023	0.005	0.014
2002	0.056	0.021	0.007	0.017
2004	0.063	0.029	0.012	0.021
2006	0.060	0.025	0.009	0.015
2008	0.065	0.027	0.009	0.018
2010	0.074	0.022	0.008	0.020
2012	0.074	0.023	0.015	0.022
B 组：不同企业规模对比（资产分位数）			
企业规模	税收/销售额	费用/销售额	摊派/销售额	公关招待费/销售额
0%～25%	0.070 0	0.033 0	0.021 0	0.040 0
26%～50%	0.062 0	0.022 0	0.012 0	0.025 0
51%～75%	0.060 0	0.017 0	0.007 0	0.015 0
76%～100%	0.060 0	0.016 0	0.004 0	0.008 0
C 组：不同地区对比			
地区	税收/销售额	费用/销售额	摊派/销售额	公关招待费/销售额
内陆	0.067	0.028	0.013	0.026
沿海	0.064	0.021	0.010	0.020

D 组：不同政企关联对比			
有无政企关系	税收/销售额	费用/销售额	摊派/销售额	公关招待费/销售额
无	0.066	0.026	0.015	0.030
有	0.063	0.020	0.007	0.013

数据来源：根据相关的中国民营企业调查数据整理。

表 6.4　企业税费水平决定因素回归

变量	（1） 税收/销售额	（2） 费用/销售额	（3） 摊派/销售额	（4） 公关招待员/销售额
ln asset	−0.001 3 ** （0.000 6）	−0.002 7 *** （0.000 7）	−0.000 7 *** （0.000 3）	−0.001 3 *** （0.000 3）
firm age	−0.000 2 （0.000 2）	−0.000 2 （0.000 1）	−0.000 2 ** （8.68e−05）	−0.000 3 *** （6.59e−05）
ln employee	−0.001 8 ** （0.000 8）	−0.002 1 *** （0.000 6）	−0.001 8 *** （0.000 4）	−0.003 4 *** （0.000 4）
female	0.001 4 （0.001 9）	0.006 0 ** （0.002 6）	0.002 6 （0.002 2）	0.003 0 （0.002 2）
year of schooling	1.35e−05 （0.000 3）	−6.18e−05 （0.000 3）	−0.000 3 （0.000 2）	0.000 2 （0.000 2）
former cadre	0.002 7 （0.002 7）	0.001 0 （0.002 3）	0.001 6 （0.001 3）	0.002 3 （0.001 7）
former manager	0.000 4 （0.001 8）	0.000 3 （0.001 7）	−0.001 4 （0.001 2）	−0.002 0 * （0.001 1）
membership in congress or	0.003 2 （0.001 9）	−0.000 2 （0.001 4）	0.000 2 （0.000 8）	−0.001 4 （0.000 9）
party member	0.000 6 （0.001 5）	−0.001 5 （0.001 4）	−0.001 8 * （0.000 9）	−0.001 4 （0.001 1）
constant	0.062 4 *** （0.008 4）	0.034 3 *** （0.008 8）	0.027 9 *** （0.004 9）	0.043 8 *** （0.004 0）
行业固定效应	控制	控制	控制	控制
年份固定效应	控制	控制	控制	控制
省份固定效应	控制	控制	控制	控制

表6.4(续)

变量	（1） 税收/销售额	（2） 费用/销售额	（3） 摊派/销售额	（4） 公关招待员 /销售额
observations	11 199	9 212	7 565	9 267
R-squared	0.030	0.050	0.032	0.047

注：所有回归参数标准差都已在省级水平进行聚类调整（clustered at provincial level），括号中为标准差。所有模型均控制省份、年度和行业固定效应。*** 表示在1%的水平上显著，** 表示在5%的水平上显著，* 表示在10%的水平上显著。

数据来源：根据相关的中国民营企业调查数据整理。

7 企业家特征、企业特征和企业治理机制的演变分析

为了研究企业家特征的演变，我们使用了全国范围的私营企业调查数据和中国上市公司 CSMAR 数据库。前者侧重于中小企业，而后者则涵盖大型企业，两者都包含关于中国企业家和高层管理人员的丰富信息。

7.1 企业家特征的演变分析

我们考察了中国企业家的年龄结构、性别分布和受教育年限随时间的变化。平均而言，中国私营企业家的平均年龄为 43 周岁，平均年龄水平在 1991—2012 年略有上升（见图 7.1）。如图 7.2 所示，我们发现女性企业家所占的比例稳步上升，从 1991 年的 11% 上升到 2012 年的 17%，表明女性在经营企业方面的劣势随着时间的推移而降低。最重要的是，中国私营企业家的受教育水平显著提高，受教育年限从 1991 年的不到 9 年增加到 2012 年的 15 年左右（见图 7.3）。根据表 7.1 的 A 组数据，1991 年只有 5.19% 的私营企业家完成了大学教育，而这一比例在 2012 年上升到 57.15%。大企业的私营企业家的受教育水平往往比相对较小的企业的私营企业家的受教育水平更高，提高得也更快（见表 7.1 的 B 组）。平均来说，就企业资产而言，排名前 1/4 企业的企业家受教育年限比排名后 1/4 企业的企业家受教育年限高 1.5 年。私营企业家平均受教育水平的快速提高表明，中国的人才配置正日益转向生产性私营企业。由于政府和私营企业之间的人才配置对长期发展至关重要（Baumol，1990；Murphy et al.，1991），这一趋势预示着未来私营企业的生产效率将持续提高。

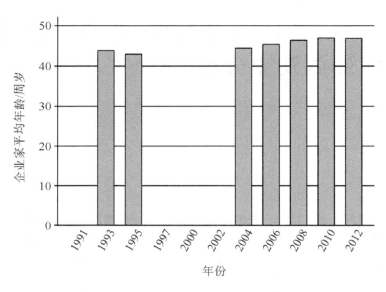

图 7.1 企业家平均年龄的演变①

数据来源：根据相关的中国民营企业调查数据整理。

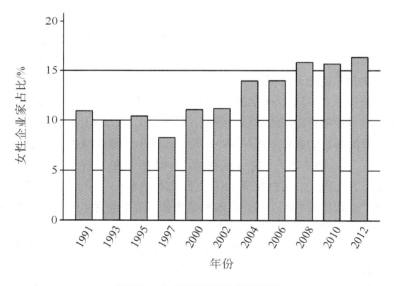

图 7.2 企业家性别构成的演变

数据来源：根据相关的中国民营企业调查数据整理。

---

① 由于部分年限未涉及该问题，因此这里做空白处理，未显示数据。

营商环境变迁对企业家精神与企业创新的影响研究

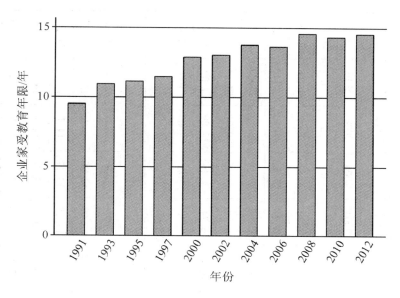

图 7.3　企业家受教育年限的演变

数据来源：根据相关的中国民营企业调查数据整理。

接下来，我们研究中国企业家的工作经历、政治背景和家庭背景是如何随时间而变化的。正如许多研究所揭示的那样，为了克服体制障碍，发展中国家的企业家积极培养与政府官员的政治联系，这有助于他们获得有利的监管条件（Faccio，2005），并获得银行贷款等稀缺资源（Khwaja et al.，2005；Li et al，2008；Cull et al，2015）。

为了研究企业家对政企关系的依赖，我们根据以往研究使用了三个指标：企业家是否为党员；企业家是否为各级人民代表大会的成员；企业家是否为各级中国人民政治协商会议的成员。理论研究指出，当经济从基于关系的治理模式向基于规则的治理模式转变时，政企联系应该变得不那么重要（McMillan et al.，2002；Li et al，2004）。

根据调查结果，中国私营企业家的社会背景在过去数十年中发生了重大变化（见表 7.2）。20 世纪 90 年代初，最大比例的私营企业家来自政府、国有企业或军队等国有部门。然而，到 2012 年，大多数私营企业家都是以前在农业、家庭企业和其他领域等非国有部门工作的个人。但我们也注意到，具有村干部背景的企业家的比例随着时间的推移大幅上升，从 1997 年的 8% 上升到 2012 年的 28%。企业家经历的演变表明企业家出身的双轨性质：私营企业家中非国家经历的重要性日益提高，同时伴随着基层干部经验（村干部）重要性的提高。

表7.1 企业家受教育水平的分布

A组：受教育水平占比/%

受教育水平	年份										
	1991	1993	1995	1997	2000	2002	2004	2006	2008	2010	2012
文盲	2.36	0.83	0.38	0.31	0.16	0	0	0	0	0	0
小学	16.19	9.86	8.42	6.30	2.74	2.18	1.70	1.52	0.86	1.22	1.12
初中	47.90	36.18	35.56	31.46	19.57	17.56	12.88	12.58	8.050	9.110	8.230
高中或技校	28.36	35.97	37.55	41.68	39.11	41.93	33.62	36.59	29.19	28.37	25.36
大学	5.19	16.60	17.36	19.58	35.03	33.47	46.06	44.85	49.01	54.21	57.15
研究生	0	0.56	0.73	0.67	3.39	4.86	5.74	4.46	12.89	7.09	8.13
合计	100	100	100	100	100	100	100	100	100	100	100

B组：受教育水平在不同规模的企业间分布（企业资产分位数）

规模	年份										
	1991	1993	1995	1997	2000	2002	2004	2006	2008	2010	2012
0%~25%	—	10.26	10.33	10.88	11.98	12.24	12.99	13.06	13.86	13.62	13.97
26%~50%	—	10.55	10.92	11.25	12.48	12.54	13.48	13.17	14.1	13.98	14.24
51%~75%	—	11.18	11.13	11.53	12.87	13	13.7	13.71	14.7	14.27	14.56
76%~100%	—	11.71	11.93	12.07	14.02	13.81	14.58	14.63	15.5	15.25	15.56

数据来源：根据相关的中国民营企业调查数据整理。

表 7.2　企业家来源构成的演变

年份	政府部门	国有企业	村干部	农民	个体	军人	其他
1997	0.272	0.560	0.075	0.385	0.182	0.418	0.562
2000	0.274	0.642	0.071	0.278	0.077	0.241	0.373
2002	0.313	0.651	0.067	0.260	0.260	0.058	0.183
2004	0.251	0.804	0.077	—	—	0.074	0.289
2006	0.179	0.993	0.099	0.259	0.521	0.088	0.309
2008	0.180	1	0.261	0.077 8	0.371	0.100	0.198
2010	0.140	0.287	0.228	0.136	0.351	0.134	0.309
2012	0.163	0.257	0.282	0.156	0.493	0.126	0.272

数据来源：根据相关的中国民营企业调查数据整理。

　　同样与企业家出身的双轨性质相一致的是，我们发现中国的私营企业多年来与政府的关系越来越密切。具体来说，拥有党员资格的私营企业家的比例从 1993 年的 12% 上升到 2012 年的 34%，拥有各级人大代表资格的私营企业家的比例从 1997 年的 10% 上升到 2012 年的 16%，而拥有各级政协委员资格的私营企业家比例约为 25%（见表 7.3）。

表 7.3　企业家政企关联与参政议政情况

年份	党员	各级人大代表	各级政协委员
1991	—		
1993	0.123		
1995	0.176		
1997	0.202	0.101	0.238
2000	0.207	0.166	0.415
2002	0.170	0.174	0.351
2004	0.346	0.180	0.306
2006	0.405	0.190	0.262
2008	0.335	0.216	0.296
2010	0.415	0.218	0.305
2012	0.340	0.164	0.258

数据来源：根据相关的中国民营企业调查数据整理。

我们还构建了企业家地位的几个指标。了解企业家的地位对于了解中国商业环境的演变至关重要。众所周知，过去数十年可能是中国历史上经济发展最具活力的时期（xu et al.，2018）。个人收入增长迅速，新的阶层出现了，如商人和企业家。政府在经济发展中的作用仍然很重要，随着经济规模的快速扩张，政府的作用可能更为重要。在中国这样快速发展的社会中，各种身份指标因此可能成为社会价值的度量指标。我们根据社会学的相关研究（Weber，1946），将身份分为三类：经济地位（财富）、政治地位（权力）和社会地位（声望）。

　　在此基础上，我们研究了私营企业家的自我认知地位是如何随着时间的推移而演变的。具体来说，调查中的私营企业家被要求对他们的相对社会地位、政治地位和经济地位进行排名。对每个状态的排序从 1 到 10，其中 10 是最高的，1 是最低的。我们研究发现，随着时间的推移，私营企业家的社会地位、政治地位和经济地位感知都呈现下降趋势（见图 7.4），表明企业家与社会其他成员的地位感知差距越来越小。进一步的分析表明，对于没有政企关联的私营企业家来说，感知差距缩小更为明显（见图 7.5）。

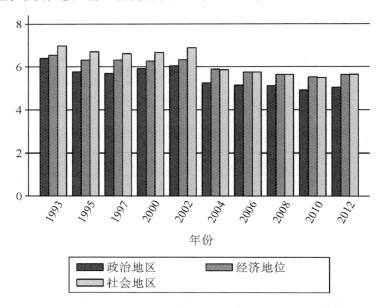

图 7.4　企业家自我认知地位

数据来源：根据相关的中国民营企业调查数据整理。

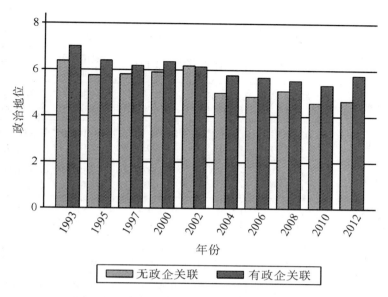

图 7.5　政企关联与企业家自我认知地位

数据来源：根据相关的中国民营企业调查数据整理。

表 7.4 汇报了企业家自我认知地位决定因素的回归结果，结果表明它们与该地区的外国投资和经济发展水平以及企业规模呈正相关关系。企业家的自我认知地位也随着其自身的学历和政企关联而提高。值得注意的是，企业家成为人大代表或者政协委员对地位的认知提高幅度最大，表明政企关联在决定企业家地位认知上起重要作用。

表 7.4　企业家自我认知地位决定因素回归

变量	（1）经济地位	（2）政治地位	（3）社会地位	（4）地位感知加总	（5）主成分
share of state economy	−0.302 0 (0.224 0)	−0.152 0 (0.226 0)	−0.198 0 (0.226 0)	−0.308 0 (0.215 0)	−0.370 0* (0.218 0)
marketization index	−0.063 9 (0.048 8)	−0.055 7 (0.048 8)	−0.071 8 (0.048 8)	0.396 0* (0.231 0)	0.245 0 (0.235 0)
ln GDP percapita	0.355 0 (0.253 0)	0.467 0* (0.253 0)	0.476 0* (0.253 0)	1.336 0 (0.850 0)	1.671 0* (0.865 0)
FDI/total investment	1.863 0** (0.871 0)	0.607 0 (0.870 0)	1.411 0 (0.869 0)	0.192 0*** (0.009 3)	0.222 0*** (0.009 8)

表7.4(续)

变量	（1）经济地位	（2）政治地位	（3）社会地位	（4）地位感知加总	（5）主成分
ln asset	0.222 0 *** (0.009 7)	0.126 0 *** (0.008 9)	0.177 0 *** (0.009 2)	0.034 7 *** (0.003 9)	0.030 0 *** (0.004 0)
firm age	0.030 2 *** (0.003 9)	0.033 3 *** (0.003 9)	0.032 3 *** (0.003 9)	−0.101 0 ** (0.049 4)	−0.125 0 ** (0.050 1)
female	−0.121 0 ** (0.050 0)	−0.073 9 (0.049 7)	−0.078 6 (0.049 8)	0.017 5 *** (0.006 2)	0.021 6 *** (0.006 4)
year of schooling	0.022 4 *** (0.006 3)	0.010 7 * (0.006 3)	0.020 4 *** (0.006 3)	0.281 0 *** (0.035 7)	0.099 4 *** (0.036 2)
party member	0.097 8 *** (0.036 1)	0.430 *** (0.036 2)	0.175 0 *** (0.036 1)	1.051 0 *** (0.038 7)	0.616 0 *** (0.038 7)
PC or CPPCC	0.611 0 *** (0.038 5)	1.322 0 *** (0.039 7)	0.821 0 *** (0.038 8)	0.009 5 (0.054 2)	−0.013 0 (0.055 5)
行业固定效应	控制	控制	控制	控制	控制
年份固定效应	控制	控制	控制	控制	控制
省份固定效应	控制	控制	控制	控制	控制
observations	11 142	11 081	11 125	11 076	11 076

注：所有回归参数标准差都已在省级水平进行聚类调整（clustered at provincial level），括号中为标准差。所有模型均控制省份、年度和行业固定效应。*** 表示在1%水平上显著，** 表示在5%的水平上显著，* 表示在10%的水平上显著。

根据来源：根据相关的中国民营企业调查数据整理。

7.2 企业特征的演变分析

本节通过从中国私营企业调查数据、中国工业企业调查数据和中国上市公司 CSMAR 数据库中提取指标来研究企业特征的变化。首先，为了研究企业是否随着时间的推移而增长，我们考察了以企业资产、就业和资本密集度变化为特征的企业演变。表 7.5 中 A 组的结果是私营企业，B 组的结果是上市公司。如 A 组所示，无论是以企业资产还是员工数量衡量，中国的私营企业都在迅速扩张。私营企业调查的平均雇员人数从 1993 年的 60.76 人上升到 2012 年的

163.4 人，增加了约 170%。此外，私营企业的资本密集度也越来越高，平均资本密集度为原来的 4 倍，表明私营公司进行了技术升级。与上市公司相比，大部分未上市的私营公司规模较小，资本密集度较低。

表 7.5　企业规模与资本密集度

A 组：私营企业		
年份	企业资产 /万元	员工人数 /人	资本 密集度 /万元·人⁻¹
1993	84.55	60.76	4.31
1995	300.57	91.48	3.50
1997	126.06	78.25	1.74
2000	394.32	142.60	3.24
2002	440.47	149.00	4.67
2004	487.68	144.60	5.04
2006	463.65	153.20	5.00
2008	563.96	156.80	6.25
2010	609.18	153.80	7.31
2012	798.17	163.40	8.72
B 组：上市公司		
年份	企业资产 /万元	员工人数 /人	资本 密集度 /万元·人⁻¹
2000	94 261.03	2 737	101.17
2002	161 529.11	3 277	145.45
2004	208 019.64	3 406	179.42
2006	711 255.41	4 228	172.90
2008	1 175 581.40	5 840	191.12
2010	1 539 473.68	6 025	182.82
2012	1 676 041.67	6 354	127.85

数据来源：根据相关的中国民营企业调查数据和 CSMAR 中国上市公司数据库整理。

其次，我们通过研发投入、专利数量和新产品销售来度量企业创新。无论是以投入还是产出度量，中国的民营企业都越来越具有创新性。随着时间的推移，民营企业在研发和培训方面投入了更多的资源，拥有更多的专利和自行设计的产品（见表7.6中的A组）。此外，企业创新的强度在不同地区和企业规模之间表现出巨大的差异，大型企业和沿海企业的创新性显著增强（见表7.6中的B组和图7.6）。同时，与国有企业相比，私营企业倾向于将其收入的更大比例投资于研发：私营企业的相对研发强度（研发支出超过销售）是国有企业的7倍（见表7.6中的C组）。

表7.6　企业创新与研发

A组：时间上的分布			
年份	研发投入/销售收入	专利数目/员工数	新产品数目/员工数
2002	0.053 6	0.008	0.035
2004	0.058 2	0.008	0.039
2006	0.019 1	0.010	0.031
2008	0.016 7	0.014	0.051
2010	0.017 5	—	—
2012	0.013 7	—	—
B组：不同规模企业之间的分布（企业资产规模分位数）			
规模	研发投入/销售收入	专利数目/员工数	新产品数目/员工数
0%~25%	0.136	0.008 0	0.041 0
26%~50%	0.250	0.011 0	0.042 0
51%~75%	0.346	0.011 0	0.038 0
76%~100%	0.614	0.011 0	0.032 0
合计	0.338	0.010 0	0.038 0
C组：在不同所有制之间的分布			
年份	私营企业	国有企业	外资企业
2001	—	0.001 08	0.000 96
2002	0.067	—	—
2004	0.075	—	—

C 组：在不同所有制之间的分布		
年份	私营企业	国有企业	外资企业
2006	0.021	0.003 13	0.001 02
2008	0.020	0.001 78	0.001 10
2010	0.018	0.002 11	0.001 32
2012	0.016	0.002 27	0.001 53

数据来源：根据相关的中国民营企业调查数据和中国工业企业调查数据整理。

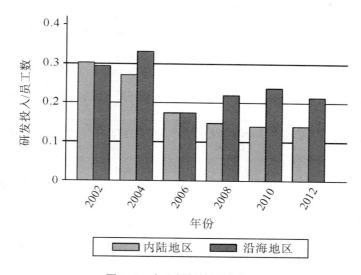

图 7.6 企业创新的区域差异

数据来源：根据相关的中国民营企业调查数据整理。

表 7.7 给出了私营企业创新强度决定因素的回归结果。规模较大且位于外商直接投资较多地区的私营企业往往更具创新性，而政企联系较强的企业则倾向于减少对研发的投资。这一发现与其他文献的发现一致。例如，Akcigit 等（2017）发现，政治关联的意大利公司也往往具有较低的创新能力，这与关注寻租的关联公司创新能力较低的概念一致（Murphy et al., 1991）。此外，回归结果还显示女性领导的私营企业创新更多。

表 7.7 企业创新与研发的影响因素回归结果

变量	（1）研发投入/销售收入	（2）知识产权数目	（3）新产品数目
share of state economy	0.304 (0.220)	−0.062 (3.799)	−1.644 (3.072)
marketization index	0.030 (0.065)	1.286 (2.004)	0.372 (2.103)
ln GDP percapita	−0.240 (0.252)	1.461 (8.606)	5.774 (9.831)
FDI/total investment	−0.012 (0.013)	1.781 (3.582)	8.440* (4.441)
ln asset	0.044*** (0.008)	1.983*** (0.335)	1.523*** (0.359)
firm age	0.009** (0.005)	0.457*** (0.074)	0.506*** (0.085)
female	−0.069 (0.064)	−3.873*** (1.170)	−2.002* (1.156)
year of schooling	0.020** (0.008)	0.988*** (0.156)	0.971*** (0.160)
party member	0.023 (0.048)	−0.013 (0.696)	1.214* (0.683)
PC or CPPCC	0.039 (0.050)	2.204*** (0.765)	3.929*** (0.664)
constant	1.774 (2.426)	15.143*** (1.372)	17.774*** (1.254)
行业固定效应	控制	控制	控制
年份固定效应	控制	控制	控制
省份固定效应	控制	控制	控制
observations	4 246	5 127	5 096
R-squared	0.027	—	—

注：所有回归参数标准差都已在省级水平进行聚类调整（clustered at provincial level），括号中为标准差。所有模型均控制省份、年度和行业固定效应。*** 表示在1%的水平上显著，** 表示在5%的水平上显著，* 表示在10%的水平上显著。

数据来源：根据相关的中国民营企业调查数据整理。

在此基础上，我们考察了企业绩效的几种衡量指标，如出口、再投资和盈利能力。如表 7.8 所示，以股本回报率或销售回报率衡量的私营企业盈利能力随时间呈"U"形轨迹：1995—2000 年相对较高，2002—2008 年见底，2010—2012 年再次上升。这与 2002 年我国加入 WTO 一致，导致私营企业盈利能力较低。随着时间的推移，它适应了更激烈的竞争，并变得更好。平均而言，私营企业保留了很大一部分利润用于再投资，占其总利润的 40%。然而，自 2008 年以来，再投资率从 46.9%下降到 2010—2012 年的 10%～22%。这一下降令人担忧，这与过去的民营企业缺乏投资激励的普遍看法是一致的。与此相关，我们还看到 2010—2012 年出口/销售大幅下降，从 2008 年的 4.5%降至 3.4%。

表 7.8　企业绩效的演变

年份	净资产收益率	投资/利润	出口/销售额
1995	0.221	0.417	—
1997	0.335	0.587	—
2000	0.245	0.743	—
2002	0.215	0.308	
2004	0.266	0.404	
2006	0.305	0.465	0.053
2008	0.276	0.469	0.045
2010	0.338	0.218	0.032
2012	0.345	0.098	0.034

数据来源：根据相关的中国民营企业调查数据整理。

表 7.9 分析了企业盈利能力的关键决定因素。在更多以外国直接投资为导向的领域，企业盈利能力较低，表明外国竞争在降低国内私营企业利润率方面的作用。大型私营企业往往具有较高的盈利能力。与之前的研究结果一致，女性领导的公司有更多的创新，她们也有更高的利润率（2.27%），这是一个巨大的业绩溢价。重要的是，拥有受教育程度更高的所有者的私营企业具有更高的盈利能力。结合我们先前的发现，即私营企业所有者的受教育水平迅速提高，这一发现表明，在管理层拥有强大人力资本的私营企业正在获得比人力资本较少的同行更大的比较优势。因此，人力资本的提高可能是过去数十年中国私营部门发展的一个关键驱动力。最后，从政企关联来看，具有政企关联企业的盈利能力要高得多。因此，这些研究结果表明，私营企业发展受到内外部因

素的同时影响。在内部则依靠企业人力资本和管理者增强企业自身的竞争力，外部则依靠政府在分配经济资源上的作用。

表 7.9 企业盈利能力的影响因素回归结果

变量	（1） 净资产收益率	（2） 净资产收益率
share of state economy	−0.020 6 (0.122 0)	−0.051 6 (0.128 0)
marketization index	0.040 9 (0.112 0)	0.071 3 (0.113 0)
ln GDP percapita	0.048 0 (0.467 0)	−0.119 0 (0.463 0)
FDI/total investment	−0.076 0*** (0.007 4)	−0.103 0*** (0.008 2)
ln asset	0.012 1*** (0.001 9)	0.008 9*** (0.001 6)
firm age	—	−0.019 4 (0.018 4)
female	—	0.022 7*** (0.003 0)
year of schooling	—	0.032 3* (0.016 5)
party member	—	0.160 0*** (0.021 0)
congress or consultative confrence	—	0.075 0** (0.032 9)
constant	0.219 0 (1.032 0)	−0.283 0 (1.018 0)
行业固定效应	控制	控制
年份固定效应	控制	控制
省份固定效应	控制	控制
observations	12 324	10 431
R-squared	0.063	0.090

注：所有回归参数标准差都已在省级水平进行聚类调整（clustered at provincial level），括号中为标准差。所有模型均控制省份、年度和行业固定效应。*** 表示1%的水平上显著，** 表示5%的水平上显著，* 表示10%的水平上显著。

数据来源：根据相关的中国民营企业调查数据整理。

7.3 企业治理机制的演变分析

本节中，我们考察了企业用于进行经济交易和管理商业活动的治理机制的演变。具体而言，我们将研究企业对法院、外部融资、公司治理和政企关系的依赖是如何随时间变化而变化的。

为了衡量企业对法律机构的依赖程度，我们利用了两个与地方法院解决商业纠纷效率相关的指标。第一个指标是在发生商业纠纷时诉诸法律制度的当地公司的比例；第二个指标是对法律制度的决议感到满意的公司的百分比。这两项指标都是根据私营公司调查数据计算得出的。Long（2010）和 Li 等（2008）认为，企业只有在对司法系统解决商业纠纷的效率有足够的信心时才会诉诸法院来解决商业问题或商业纠纷。通过利用以上这些指标，我们可以研究企业对司法机构的依赖如何随着时间的推移而变化，以及各省份之间的差异。

数据显示，中国私营企业越来越多地依赖法律等正式机制来解决商业纠纷，而不是诉诸私下谈判或其他非正式渠道，而且随着时间的推移，它们往往对法院的裁决更加满意，这意味着法律体系得到了持续改进（见表 7.10 中的 A 组和 B 组）。其中值得注意的是，利用法院系统解决商业纠纷的企业比例从 1995 年的 8.9%上升到 2006 年的 31.9%，增加了 3 倍多。同样引人注目的是，通过"向地方政府上诉"途径解决纠纷的比例从 1995 年 2.2%上升到 2006 年的 21.2%，增加了约 10 倍。同时，企业对通过法院解决商业纠纷的满意度从 1995 年的 53.8%上升到 2006 年的 83.1%；而通过向地方政府解决纠纷的满意度也从 1995 年的 63%上升到 2006 年的 90.9%。以上结果表明，地方政府和法律制度在维持本地企业商业秩序方面发挥着重要作用。

进一步的分析表明，具有政企关联的企业倾向于使用正式的法律制度解决商业纠纷（见表 7.11 和图 7.7）。与之前的研究一致，我们发现改制而来的企业更有可能选择法院制度，这可能得益于法院系统偏向于与政府有联系的私营企业。此外，受过高等教育的私营企业家也更频繁地使用法庭解决纠纷。同样，受过良好教育的私人业主越来越依赖于正式制度解决商业纠纷。

表 7.10　企业治理机制演变：商业纠纷解决

A 组：企业解决商业纠纷的方式				
年份	上诉法庭	默默忍受	私下协商	请求政府部门解决	通过行业协会协商解决
1995	0.089	0.014	0.874	0.022	—
1997	0.082	0.009	0.846	0.055	—
2000	0.111	0.011	0.851	0.025	—
2002	0.255	0.109	0.660	0.100	0.096
2004	0.359	0.099	0.579	0.173	0.136
2006	0.319	0.103	0.527	0.212	0.146

B 组：企业对商业纠纷解决方式的满意度				
年份	上诉法庭	默默忍受	私下协商	请求政府部门解决	通过行业协会协商解决
1995	0.538	0.414	0.756	0.63	—
1997	0.576	0.692	0.824	0.892	—
2000	0.639	0.583	0.858	0.789	—
2002	0.678	0.356	0.917	0.818	0.936
2004	0.775	0.324	0.892	0.875	0.937
2006	0.831	0.539	0.905	0.909	0.975

C 组：企业规模与纠纷解决方式（企业资产规模分位数）				
规模	上诉法庭	默默忍受	私下协商	请求政府部门解决	通过行业协会协商解决
0%~25%	0.151	0.075	0.741	0.094	0.105
26%~50%	0.189	0.063	0.730	0.087	0.106
51%~75%	0.221	0.061	0.713	0.096	0.126
76%~100%	0.280	0.048	0.679	0.119	0.127

数据来源：根据相关的中国民营企业调查数据整理。

表 7.11　使用司法系统解决商业纠纷的影响因素回归结果

变量	上诉法庭解决商业纠纷		
	（1）	（2）	（3）
local Congress	0.053 8 *** （0.017 3）	—	0.050 8 *** （0.015 2）
privatized firm	—	0.109 0 *** （0.021 9）	0.102 0 *** （0.022 6）
ln（asset）	0.038 3 *** （0.005 1）	0.041 5 *** （0.005 2）	0.037 5 *** （0.005 7）
firm age	0.001 2 （0.002 3）	0.003 8 * （0.002 2）	0.003 4 （0.002 4）
female	0.003 6 （0.028 2）	0.010 2 （0.030 3）	0.005 7 （0.030 9）
education	0.016 2 *** （0.002 6）	0.015 1 *** （0.002 9）	0.014 5 *** （0.002 7）
age	−0.000 3 （0.001 1）	−0.000 5 （0.001 1）	−0.000 8 （0.001 1）
constant	−0.149 0 * （0.083 7）	−0.150 0 （0.089 1）	−0.113 0 （0.096 0）
行业固定效应	控制	控制	控制
年份固定效应	控制	控制	控制
省份固定效应	控制	控制	控制
observations	3 800	3 636	3 403
R-squared	0.084	0.091	0.098

注：所有回归参数标准差都已在省级水平进行聚类调整（clustered at provincial level），括号中为标准差。所有模型均控制省份、年度和行业固定效应。*** 表示在1%的水平上显著，** 表示在5%的水平上显著，* 表示在10%的水平上显著。

数据来源：根据相关的中国民营企业调查数据整理。

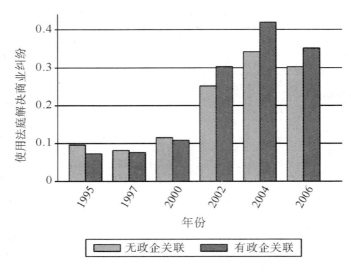

图 7.7　政企关联与商业纠纷解决

数据来源：根据相关的中国民营企业调查数据整理。

　　为了创办和运营自己的企业，企业家需要从自己的储蓄或正规或非正规金融市场获得资金（Beck et al.，2005；Beck et al.，2006；Beck et al.，2008）。为了考察中国民营企业的融资渠道，我们从不同的角度使用了三个度量指标。第一个指标是来自国有银行、城市商业银行和股份制银行的银行贷款金额，它反映了企业获得正式金融资源的数量；第二个指标是来自非正式贷款机构和个人的贷款金额，代表非正式金融渠道；第三个指标是来自商业伙伴的贸易信贷。通过这三项融资可得性指标，我们考察私营企业的金融资源获取能力是否随着时间的推移而改善，以及贷款准入（正式和非正式）是否随企业属性和企业家特征而变化。

　　结果表明私营企业越来越依赖于国有银行和其他国有金融机构的正式融资，并减少了对非政府机构和个人的非正式融资的依赖（见表 7.12 中的 A 组），这表明正式金融系统获得了持续的改进，更多地向私营企业提供信贷。然而，不同地区的企业融资模式存在显著差异。与沿海地区相比，非正式融资在正规金融市场较不发达的内陆地区发挥着更重要的作用（见表 7.12 中的 B 组）。与之前的研究一致，我们还发现，有政企关联的企业更容易获得正式融资（见表 7.12 中的 C 组）。

表 7.12　企业治理机制演变：外部融资渠道

A组：不同融资来源在时间上的分布/万元

年份	国有银行	股份制银行	城市商业银行	民间金融机构	个人	外资银行	商业信贷
2000	320.3	—	—	71.11	—	—	—
2002	251.4	—	—	27.42	—	—	46.26
2004	492.5	65.99	105.8	32.98	—	—	69.51
2006	407.4	58.41	128.0	5.87	42.28	—	63.26
2008	471.9	71.41	165.5	15.42	38.03	0.293	74.79
2010	1 390.0	—	—	—	—	4.529	83.25
2012	1 636.0	—	219.4	48.33	—	—	250.50

B组：不同地区对比（贷款/资产）

地区	国有银行	股份制银行	城市商业银行	民间金融机构	个人	外资银行	商业信贷
内陆	0.535 0	0.012 7	0.150 0	0.090 6	0.124 0	—	0.091 9
沿海	0.550 0	0.022 7	0.184 0	0.069 1	0.099 3	—	0.139 0

C组：不同政企关联对比（贷款/资产）

有无政企关联	国有银行	股份制银行	城市商业银行	民间金融机构	个人	外资银行	商业信贷
无	0.537	0.012 8	0.148	0.085 5	0.104	—	0.111
有	0.620	0.026 3	0.192	0.078 7	0.121	—	0.134

数据来源：根据相关的中国民营企业调查数据整理。

我们进一步构建了一系列公司治理和所有权控制的指标：第一个指标是私人企业家直接持有的公司股份百分比，它衡量公司所有者对自己公司的股权控制程度；第二个指标是对公司业务活动做出重大决策的私营企业家的百分比，它反映了私营企业家对公司日常经营管理的直接影响；第三个指标是拥有股东会或董事会的公司的百分比，用来度量企业对高层管理者的监督；第四个指标是在日常管理中雇佣职业经理人的公司的百分比，用来衡量公司管理是否变得更加正式，对家庭成员的依赖是否减少。

中国私营企业的控制结构已大幅多样化，私营企业家所占的份额随着时间的推移而不断下降（见表7.13的A组）。企业家本人占公司在所有者中的份额从1995年的91%下降到2012年的75%。与此同时，公司管理变得更加专业化。民营企业家直接管理的公司比例随着时间的推移而下降，越来越多的民营企业雇佣职业经理人进行日常管理（雇佣职业经理人从事经营管理的比例从2000年的3%上升至2012年的25%）。为了提高公司治理质量，越来越多的民营企业在其治理结构中设立了股东会、董事会甚至监事会。表7.13的B组显示，大型公司的公司治理更为正式。总的来说，证据表明，在过去数十年中，中国民营企业的公司管理和公司控制有了显著改善，但中国民营企业仍然主要是家族企业。

表7.13 企业治理机制演变：企业控制权与治理

A组：企业控制权和治理结构在时间上的变化（分位数）					
年份	企业家持股占比	主要决策由企业家决定	股东会	董事会	监事会	雇佣职业经理人
1993	—	0.64	—	0.26	—	0
1995	0.91	0.57	—	0.28	—	0
1997	0.78	0.55	—	—	—	0
2000	0.78	0.44	0.28	0.44	0.23	0.03
2002	0.76	0.40	0.34	0.48	0.27	0.02
2004	0.66	0.35	0.59	0.75	0.37	—
2006	0.68	0.38	0.58	0.63	0.37	0.07
2008	0.66	0.34	0.58	0.57	0.34	0.06
2010	0.64	0.52	0.57	0.58	0.32	0.12
2012	0.75	0.48	0.61	0.58	0.32	0.25

B 组：企业控制权和治理结构在不同规模企业之间的变化（资产分位数）						
规模	企业家持股占比	主要决策由企业家决定	股东会	董事会	监事会	雇佣职业经理人
0%～25%	0.780	0.600	0.500	0.330	0.210	0.050 0
26%～50%	0.750	0.510	0.490	0.450	0.270	0.060 0
51%～75%	0.730	0.430	0.510	0.550	0.310	0.070 0
76%～100%	0.690	0.300	0.560	0.730	0.470	0.100

数据来源：根据相关的中国民营企业调查数据整理。

8 营商环境对企业绩效的影响

在研究了中国企业家特征和商业环境演变的典型事实之后，本章试图考察商业环境质量对企业绩效的影响。具体而言，我们将特别关注前几节讨论的一系列商业环境措施，包括法治水平、融资可得性、税费负担等的影响。

为了构建一系列省级指标，我们将企业级指标汇总到省级。Hallward Dri-emeier 等（2010）研究发现环境不确定性在形成商业预期方面的重要性，一个地区的商业环境的不确定性与公司绩效密切相关，因此我们在研究中对每个营商环境变量构建了两个维度的衡量指标。具体而言，我们使用各类指标的省级平均值来衡量相应营商环境指标的总体水平，并利用其省内差异（通过省一级的变异系数衡量）来刻画其在企业之间的变化程度。为了衡量公司绩效，我们使用了三类指标：首先，我们使用研发投资和知识产权数量来衡量企业创新强度；其次，我们采用净资产收益率和销售回报率来衡量公司的盈利能力；最后，我们使用用于再投资的利润比例来衡量企业的投资意愿。

8.1 营商环境的影响因素分析

在考察各种营商环境指标对企业绩效的影响之前，我们首先研究哪些因素决定了营商环境指标的水平和可变性，结果见表 8.1 和表 8.2。其中，前者为一般水平，后者为省内差异。表 8.1 显示，税收、费用等的可变性与外国投资的存在负相关关系，这与 Long 等（2015）的结论一致。Long 等（2015）发现，外国投资的流入有助于改善中国本地营商环境。此外，正式税收执法水平和收费的变异系数受到地区领导人的任期影响。与异地晋升的领导人相比，从当地提拔的领导人似乎让公司对当地法院系统更有信心，这可能是因为不确定性较小。综上所述，表 8.1 和表 8.2 表明，外国投资和当地政府的影响在塑造当地商业条件方面发挥着重要作用。

表 8.1　营商环境水平决定因素回归结果

变量	省级平均						
	(1) 税/销售额	(2) 费/销售额	(3) 摊派/销售额	(4) 公关招待费/销售额	(5) 使用法庭解决商业纠纷	(6) 对商业纠纷的解决满意度	(7) 融资
FDI/total investment	0.053 2 (0.048 3)	0.016 5 (0.057 1)	0.018 7 (0.034 2)	-0.022 1 (0.052 4)	-340.2 (689.5)	648.4 (1.362 0)	-0.880 (1.094 0)
marketization index	-0.001 6 (0.001 9)	0.000 5 (0.002 3)	0.000 3 (0.001 4)	0.001 8 (0.002 1)	0.011 2 (0.039 8)	-0.005 4 (0.052 6)	0.001 7 (0.044 6)
lawyer/population	-0.000 7 (0.001 5)	-0.002 7 (0.001 7)	-0.000 7 (0.001 0)	-0.001 6 (0.001 6)	-0.004 34 (0.055 1)	0.038 9 (0.049 8)	0.046 9 (0.035 3)
ln GDP percapita	0.003 6 (0.010 9)	-0.009 5 (0.012 9)	-0.013 6* (0.007 7)	-0.009 8 (0.011 8)	0.010 2 (0.417)	0.230 0 (0.417 0)	0.120 0 (0.254 0)
tenure of party secretary	-0.000 7 (0.001 0)	-0.000 6 (0.001 2)	-0.000 5 (0.000 7)	0.000 8 (0.001 1)	0.013 1 (0.019 0)	-0.031 3 (0.031 3)	0.027 6 (0.021 5)
tenure of party secretary^2	4.37e-05 (0.000 1)	0.000 1 (0.000 1)	0.000 1* (7.11e-05)	4.29e-05 (0.000 1)	-0.001 1 (0.002 3)	0.001 4 (0.003 3)	-0.002 0 (0.002 2)
locally promoted (party secretary)	0.001 6 (0.003 4)	0.000 9 (0.004 1)	-0.001 4 (0.002 4)	-0.004 8 (0.003 7)	0.019 1 (0.068 3)	-0.158 0 (0.109 0)	0.032 5 (0.073 7)
tenure of governor	0.003 4** (0.001 3)	5.17e-06 (0.001 6)	0.000 5 (0.000 9)	0.000 2 (0.001 4)	-0.013 3 (0.019 3)	-0.041 3 (0.035 0)	0.035 6 (0.032 3)

表8.1(续)

| 变量 | (1) | (2) | (3) | 省级平均 | | | |
	税/销售额	费/销售额	摊派/销售额	(4) 公关招待费/销售额	(5) 使用法庭解决商业纠纷	(6) 对商业纠纷的解决满意度	(7) 融资
tenure of governor^2	−0.000 5*** (0.000 2)	3.37e−05 (0.000 2)	−2.62e−05 (0.000 1)	−8.55e−05 (0.000 2)	0.001 0 (0.002 6)	0.004 5 (0.003 9)	−0.004 9 (0.004 2)
locally promoted (governor)	0.000 6 (0.002 7)	0.005 6* (0.003 2)	7.64e−05 (0.001 9)	0.003 1 (0.002 9)	−0.066 9 (0.048 7)	−0.003 4 (0.067 2)	0.135 0** (0.057 0)
constant	0.028 2 (0.088 9)	0.089 5 (0.105 0)	0.115 0* (0.062 8)	0.097 1 (0.096 3)	−0.318 0 (3.827 0)	−1.274 0 (3.848 0)	−0.412 0 (2.124 0)
年份固定效应	控制	控制	控制	控制	控制	控制	控制
省份固定效应	控制	控制	控制	控制	控制	控制	控制
observations	217	217	217	217	126	127	176
R−squared	0.517	0.424	0.344	0.300	0.840	0.333	0.603

注：所有回归参数标准差都已在省级水平上进行聚类调整（clustered at provincial level），括号中为标准差。所有模型均控制省份，年度和行业固定效应。*** 表示在1%的水平上显著，** 表示在5%的水平上显著，* 表示在10%的水平上显著。

数据来源：根据相关的中国民营企业调查数据整理。

表 8.2　营商环境差异决定因素回归结果

变量	变异系数						
	(1) 税/销售额	(2) 费/销售额	(3) 摊派/销售额	(4) 公关招待费/销售额	(5) 使用法庭解决商业纠纷	(6) 对商业纠纷的解决满意度	(7) 融资
FDI/total investment	-0.335 0 (0.916 0)	-2.807 0 (2.280 0)	-70.870 0 (46.590 0)	-5.696 0** (2.746 0)	1.972 0 (9.279 0)	-2.188 0 (3.945 0)	-5.512 0 (3.686 0)
marketization index	-0.027 1 (0.036 7)	0.063 5 (0.091 4)	-0.208 0 (1.866 0)	0.223 0** (0.110 0)	0.462 0 (0.536 0)	-0.041 0 (0.155 0)	-0.084 7 (0.151 0)
lawyer/population	-0.017 0 (0.027 9)	-0.068 0 (0.069 5)	-0.628 0 (1.419 0)	0.024 9 (0.083 7)	-0.636 0 (0.742 0)	-0.104 0 (0.147 0)	-0.098 8 (0.119 0)
ln GDP percapita	0.185 0 (0.207 0)	-0.480 0 (0.515 0)	2.520 0 (10.510 0)	0.311 0 (0.620 0)	-2.188 0 (5.607 0)	-0.528 0 (1.326 0)	-0.030 8 (0.858 0)
tenure of party secretary	0.021 5 (0.019 9)	0.015 9 (0.049 5)	1.726 0* (1.012 0)	-0.019 2 (0.059 6)	-0.280 0 (0.256 0)	0.106 0 (0.095 3)	-0.024 2 (0.072 5)
tenure of party secretary^2	-0.001 2 (0.001 9)	0.000 9 (0.004 8)	-0.220 0** (0.098 4)	0.007 0 (0.005 8)	0.037 2 (0.031 4)	-0.004 8 (0.010 0)	0.002 4 (0.007 3)
locally promoted (party secretary)	-0.007 0 (0.064 9)	0.024 2 (0.162 0)	-0.709 0 (3.301 0)	-0.617 0*** (0.195 0)	0.567 0 (0.920 0)	0.510 0 (0.317 0)	0.004 5 (0.247 0)
tenure of governor	0.011 6 (0.026 8)	-0.085 7 (0.066 6)	-2.328 0* (1.361 0)	-0.002 5 (0.080 2)	0.281 0 (0.260 0)	0.200 0* (0.109 0)	0.059 0 (0.109 0)

变量	变异系数						
	(1)	(2)	(3)	(4)	(5)	(6)	(7)
	税/销售额	费/销售额	摊派/销售额	公关招待费/销售额	使用法庭解决商业纠纷	对商业纠纷的解决满意度	融资
tenure of governor^2	0.000 6 (0.003 6)	0.010 2 (0.008 9)	0.267 0 (0.182 0)	0.007 1 (0.010 7)	-0.029 8 (0.035 0)	-0.021 6 (0.013 5)	-0.005 6 (0.014 0)
locally promoted (governor)	-0.021 3 (0.051 8)	0.078 0 (0.129 0)	-0.448 0 (2.630 0)	0.342 0** (0.155 0)	1.436 0** (0.655 0)	0.020 8 (0.198 0)	-0.153 0 (0.191 0)
constant	-0.336 0 (1.683 0)	5.504 0 (4.190 0)	-1.395 0 (85.510 0)	-0.811 0 (5.046 0)	8.992 0 (50.830 0)	5.771 0 (12.200 0)	2.216 0 (7.200 0)
年份固定效应	控制	控制	控制	控制	控制	控制	控制
省份固定效应	控制	控制	控制	控制	控制	控制	控制
observations	216	216	215	216	126	123	175
R-squared	0.468	0.413	0.407	0.455	0.887	0.350	0.558

注：所有回归参数标准差都已在省级水平进行聚类调整（clustered at provincial level），括号中为标准差。所有模型均控制省份、年度和行业固定效应。*** 表示在1%的水平上显著，** 表示在5%的水平上显著，* 表示在10%的水平上显著。

数据来源：根据相关的中国民营企业调查数据整理。

8.2 营商环境的效应分析

在研究了商业环境质量的决定因素之后，我们探讨了前面章节中讨论的商业环境指标是否对公司绩效有重大影响，结果如表8.3至表8.9所示。与Hallward Driemier 等（2010）的研究一致，我们发现当地商业条件的可变性与公司绩效密切相关，而对当地商业条件的水平测量影响较小。具体而言，我们发现，在法庭质量差异较大的地区，公司投资较少（见表8.3和表8.4），面临更多任意税收和收费的地区公司盈利水平较低（见表8.5和表8.6），而在公关招待费用和融资可得性波动较大的地区，公司创新性较低（见表8.7、表8.8和表8.9）。总的来说，本节中提供的证据表明，本书构建的商业环境指标能够很好地度量实际的商业环境，这将增强我们研究的有效性。

表 8.3　营商环境效应回归结果：法治水平

变量	（1）	（2）	（3）	（4）	（5）
	研发支出/销售额	投资/利润	专利数目	净资产收益率	销售利润率
court usage（CV）	-0.017 7 (0.017 3)	-0.013 5 * (0.007 6)	-0.227 0 (0.211 0)	0.020 5 (0.013 4)	0.002 6 (0.003 0)
court usage	-0.146 0 (0.116 0)	-0.287 0 (0.177 0)	-2.162 0 (1.651 0)	0.656 0 (0.460 0)	-0.031 5 (0.069 0)
ln asset	-0.000 8 (0.002 4)	0.011 4 *** (0.002 9)	0.277 0 *** (0.057 5)	-0.127 0 *** (0.019 7)	-0.004 7 *** (0.001 0)
firm age	0.000 8 (0.000 7)	0.002 5 ** (0.001 1)	0.048 6 *** (0.015 0)	0.006 8 * (0.003 9)	0.000 9 *** (0.000 3)
female	0.004 5 (0.007 6)	-0.013 0 (0.015 0)	-0.288 0 ** (0.106 0)	-0.032 8 (0.043 4)	0.008 5 (0.006 7)
year of schooling	0.001 9 * (0.000 9)	-0.002 6 * (0.001 5)	0.113 0 *** (0.020 5)	0.021 4 *** (0.007 6)	-0.000 2 (0.000 5)
party member	-0.006 9 (0.007 6)	-0.012 1 (0.008 4)	-0.336 0 ** (0.142 0)	-0.002 9 (0.055 1)	-0.009 1 ** (0.003 9)
PC or CPPCC	0.008 9 (0.005 3)	0.022 7 ** (0.010 7)	0.037 4 (0.166 0)	0.167 0 *** (0.034 4)	-0.013 2 *** (0.004 6)

表8.3(续)

变量	（1）研发支出/销售额	（2）投资/利润	（3）专利数目	（4）净资产收益率	（5）销售利润率
regulated sector	0.018 9 (0.023 2)	−0.002 2 (0.016 8)	0.031 0 (0.177 0)	−0.004 4 (0.060 1)	0.012 2 (0.008 2)
ln GDP percapita	0.019 7 (0.078 5)	0.084 7 (0.164 0)	2.767 0 (2.076 0)	0.692 0* (0.365 0)	−0.026 4 (0.066 7)
constant	−0.019 5 (0.657 0)	−0.080 2 (1.312 0)	−25.560 0 (17.750 0)	−6.148 0* (3.363 0)	0.338 0 (0.568 0)
行业固定效应	控制	控制	控制	控制	控制
年份固定效应	控制	控制	控制	控制	控制
省份固定效应	控制	控制	控制	控制	控制
observations	8 231	7 735	9 252	11 921	12 674
R-squared	0.031	0.232	0.055	0.022	0.058

注：所有回归参数标准差都已在省级水平进行聚类调整（clustered at provincial level），括号中为标准差。所有模型均控制省份、年度和行业固定效应。*** 表示在1%的水平上显著，** 表示在5%的水平上显著，* 表示在10%的水平上显著。

数据来源：根据相关的中国民营企业调查数据整理。

表 8.4 营商环境效应回归结果：司法效率

变量	（1）研发支出/销售额	（2）投资/利润	（3）专利数目	（4）净资产收益率	（5）销售利润率
satisfaction with court（CV）	0.012 2 (0.018 5)	−0.028 7* (0.014 6)	0.240 0 (0.287 0)	−0.053 9 (0.037 0)	−0.022 9* (0.012 5)
satisfaction with court	0.019 1 (0.058 0)	−0.075 9 (0.057 9)	0.775 0 (1.134 0)	−0.076 4 (0.104 0)	−0.049 3 (0.040 3)
ln asset	0.001 2 (0.000 0)	−0.003 6** (0.001 4)	0.224 0*** (0.036 9)	−0.086 9*** (0.006 2)	−0.005 2*** (0.000 9)
firm age	0.001 0** (0.000 4)	0.000 4 (0.000 5)	0.041 9*** (0.010 7)	0.002 7* (0.001 4)	0.000 8** (0.000 3)
female	0.006 5 (0.004 6)	0.013 9* (0.007 8)	−0.271 0*** (0.076 0)	−0.007 8 (0.013 0)	0.009 4 (0.006 8)

表8.4(续)

变量	（1）研发支出/销售额	（2）投资/利润	（3）专利数目	（4）净资产收益率	（5）销售利润率
year of schooling	0.000 6 (0.000 5)	−0.000 5 (0.000 6)	0.079 7 *** (0.016 5)	0.014 2 *** (0.002 2)	0.000 2 (0.000 5)
party member	−0.000 4 (0.002 9)	−0.002 9 (0.004 1)	−0.103 0 (0.075 7)	0.021 5 (0.014 6)	−0.009 7 ** (0.003 9)
PC or CPPCC	0.003 5 (0.003 8)	0.002 9 (0.003 4)	0.113 0 (0.112 0)	0.077 6 *** (0.011 3)	−0.012 6 *** (0.004 1)
regulated sector	−0.008 2 (0.005 5)	0.025 9 *** (0.006 2)	−0.564 0 *** (0.112 0)	0.044 6 * (0.024 2)	0.023 9 *** (0.007 2)
ln GDP percapita	−0.026 5 (0.041 1)	−0.126 0 ** (0.059 8)	1.062 0 (1.291 0)	0.283 0 * (0.164 0)	−0.006 8 (0.065 8)
constant	0.230 0 (0.398 0)	1.422 0 *** (0.496 0)	−12.180 0 (12.270 0)	−1.779 0 (1.388 0)	0.253 0 (0.557 0)
行业固定效应	控制	控制	控制	控制	控制
年份固定效应	控制	控制	控制	控制	控制
省份固定效应	控制	控制	控制	控制	控制
observations	8 250	8 072	9 260	10 449	9 263
R−squared	0.038	0.156	0.070	0.090	0.051

注：所有回归参数标准差都已在省级水平进行聚类调整（clustered at provincial level），括号中为标准差。所有模型均控制省份、年度和行业固定效应。*** 表示在1%的水平上显著，** 表示在5%的水平上显著，* 表示在10%的水平上显著。

数据来源：根据相关的中国民营企业调查数据整理。

表 8.5　营商环境效应回归结果：税收水平

变量	（1）研发支出/销售额	（2）投资/利润	（3）专利数目	（4）净资产收益率	（5）销售利润率
tax rate （CV）	0.023 5 (0.018 2)	0.008 1 (0.043 8)	0.215 0 (0.368 0)	−0.150 0 ** (0.061 5)	−0.038 3 *** (0.013 8)
tax rate	0.473 0 (0.476 0)	0.503 0 (0.509 0)	−2.001 0 (2.626 0)	−0.735 0 ** (0.311 0)	0.209 0 (0.232 0)

表8.5(续)

变量	（1）研发支出/销售额	（2）投资/利润	（3）专利数目	（4）净资产收益率	（5）销售利润率
ln asset	0.003 5 (0.002 5)	0.005 3 (0.006 7)	0.269 0 *** (0.094 3)	−0.076 9 *** (0.010 1)	−0.008 3 ** (0.003 1)
firm age	0.000 1 (0.001 2)	−0.002 4 (0.001 7)	0.028 4 (0.021 2)	−0.002 8 (0.003 8)	−0.000 2 (0.000 8)
female	−8.20e−05 (0.018 2)	−0.020 4 * (0.011 3)	−0.287 0 (0.195 0)	0.066 4 (0.048 8)	0.017 8 (0.015 8)
year of schooling	−0.002 0 (0.002 6)	−0.000 7 (0.002 5)	−0.009 1 (0.050 2)	0.015 3 *** (0.005 4)	−0.000 2 (0.001 6)
party member	−0.001 8 (0.028 3)	0.021 0 (0.028 7)	0.259 0 (0.306 0)	0.024 9 (0.036 3)	0.007 6 (0.013 8)
PC or CPPCC	0.040 6 ** (0.015 4)	0.045 9 ** (0.019 3)	−0.271 0 (0.316 0)	0.025 9 (0.048 0)	0.003 4 (0.011 3)
regulated sector	−0.036 3 *** (0.010 9)	−0.041 4 ** (0.019 4)	−0.549 0 *** (0.156 0)	0.149 0 (0.120 0)	0.013 0 (0.022 5)
ln GDP percapita	−0.004 7 (0.058 2)	0.022 4 (0.071 7)	−0.088 0 (1.040 0)	0.025 0 (0.148 0)	−0.028 1 (0.037 8)
constant	−0.031 8 (0.538 0)	−0.306 0 (0.694 0)	−0.932 0 (8.685 0)	0.385 0 (1.235 0)	0.392 0 (0.307 0)
行业固定效应	控制	控制	控制	控制	控制
年份固定效应	控制	控制	控制	控制	控制
省份固定效应	控制	控制	控制	控制	控制
observations	12 411	14 057	7 530	17 485	16 085
R-squared	0.049	0.178	0.074	0.086	0.038

注：所有回归参数标准差都已在省级水平进行聚类调整（clustered at provincial level），括号中为标准差。所有模型均控制省份、年度和行业固定效应。*** 表示在1%的水平上显著，** 表示在5%的水平上显著，* 表示在10%的水平上显著。

数据来源：根据相关的中国民营企业调查数据整理。

表 8.6 营商环境效应回归结果：政府收费

变量	（1） 研发支出 /销售额	（2） 投资/利润	（3） 专利数目	（4） 净资产 收益率	（5） 销售 利润率
fee rate （CV）	0.011 2 (0.010 5)	−0.014 1 (0.013 6)	−0.011 8 (0.182 0)	−0.063 3*** (0.021 9)	−0.020 6*** (0.006 8)
fee rate	0.620 0 (0.421 0)	0.004 7 (0.609 0)	−5.493 0 (5.322 0)	−0.550 0 (0.713 0)	0.118 0 (0.419 0)
ln asset	0.002 5 (0.002 7)	0.005 9 (0.006 9)	0.265 0*** (0.082 6)	−0.070 8*** (0.009 1)	−0.006 6** (0.002 9)
firm age	−0.000 1 (0.001 3)	−0.002 5 (0.001 7)	0.027 5 (0.020 2)	−0.002 9 (0.003 9)	−0.000 3 (0.001 0)
female	−0.011 2 (0.010 7)	−0.026 9* (0.013 8)	−0.157 0 (0.227 0)	0.077 2 (0.048 0)	0.014 8 (0.014 1)
year of schooling	−0.002 3 (0.002 8)	−0.000 2 (0.003 0)	−0.013 0 (0.046 3)	0.016 8*** (0.005 2)	0.000 5 (0.001 8)
party member	−0.000 6 (0.029 3)	0.022 1 (0.030 3)	0.244 0 (0.316 0)	0.018 7 (0.029 3)	0.007 6 (0.013 2)
PC or CPPCC	0.039 5** (0.016 4)	0.044 8** (0.019 4)	−0.262 0 (0.307 0)	0.032 8 (0.044 6)	0.003 3 (0.010 5)
regulated sector	−0.045 0*** (0.014 0)	−0.043 4** (0.019 3)	−0.480 0*** (0.160 0)	0.150 0 (0.114 0)	0.007 2 (0.018 4)
ln GDP percapita	−0.006 3 (0.071 9)	0.006 8 (0.067 7)	0.008 1 (1.096 0)	−0.013 9 (0.145 0)	−0.041 5 (0.040 5)
constant	0.020 6 (0.680 0)	−0.072 6 (0.705 0)	−1.508 0 (9.622 0)	0.561 0 (1.205 0)	0.480 0 (0.333 0)
行业固定效应	控制	控制	控制	控制	控制
年份固定效应	控制	控制	控制	控制	控制
省份固定效应	控制	控制	控制	控制	控制
observations	12 411	14 057	7 530	17 485	16 085
R-squared	0.049	0.178	0.075	0.086	0.037

注：所有回归参数标准差都已在省级水平进行聚类调整（clustered at provincial level），括号中为标准差。所有模型均控制省份、年度和行业固定效应。*** 表示在1%的水平上显著，** 表示在5%的水平上显著，* 表示在10%的水平上显著。

数据来源：根据相关的中国民营企业调查数据整理。

表 8.7 营商环境效应回归结果：政府摊派

变量	（1） 研发支出 /销售额	（2） 投资/利润	（3） 专利数目	（4） 净资产 收益率	（5） 销售 利润率
special assessment rate（CV）	−5.43e−05 (0.000 1)	−0.000 5*** (0.000 2)	0.014 2 (0.008 5)	−0.000 2 (0.001 3)	−8.54e−05 (0.000 2)
special assessment rate	−0.039 2 (0.171 0)	0.520 0 (0.400 0)	4.295 0 (11.010 0)	−0.682 0 (0.982 0)	0.315 0 (0.252 0)
ln asset	0.000 5 (0.000 4)	−0.001 7** (0.000 7)	0.233 0*** (0.034 9)	−0.094 3*** (0.006 7)	−0.004 0*** (0.000 9)
firm age	0.000 4** (0.000 2)	0.000 3 (0.000 3)	0.049 4*** (0.010 0)	0.006 7*** (0.001 0)	0.000 8* (0.000 4)
female	0.000 9 (0.002 4)	0.005 7 (0.004 9)	−0.333 0*** (0.057 9)	−0.018 9 (0.011 6)	0.005 4 (0.005 9)
year of schooling	0.000 8** (0.000 4)	−0.000 2 (0.000 4)	0.090 9*** (0.016 3)	0.018 5*** (0.001 5)	−0.000 2 (0.000 6)
party member	−0.000 2 (0.001 8)	−0.003 7 (0.002 3)	−0.072 0 (0.079 5)	0.029 3** (0.012 2)	−0.007 1** (0.002 9)
PC or CPPCC	0.002 4 (0.002 0)	0.003 4 (0.002 2)	0.124 0 (0.083 7)	0.110 0*** (0.015 2)	−0.005 9 (0.004 4)
regulated sector	−0.006 1* (0.003 6)	0.020 7*** (0.004 6)	−0.657 0*** (0.091 2)	0.060 3** (0.024 5)	0.021 5*** (0.005 5)
ln GDP percapita	−0.030 1** (0.013 9)	−0.044 1** (0.020 0)	−0.572 0 (0.765 0)	0.042 2 (0.078 3)	−0.029 0 (0.039 3)
constant	0.304 0** (0.120 0)	0.653 0*** (0.163 0)	2.603 0 (6.765 0)	0.055 8 (0.802 0)	0.345 0 (0.322 0)
行业固定效应	控制	控制	控制	控制	控制
年份固定效应	控制	控制	控制	控制	控制
省份固定效应	控制	控制	控制	控制	控制
observations	12 404	12 823	7 518	17 479	15 910
R-squared	0.049	0.198	0.075	0.086	0.034

注：所有回归参数标准差都已在省级水平进行聚类调整（clustered at provincial level），括号中为标准差。所有模型均控制省份、年度和行业固定效应。*** 表示在1%的水平上显著，** 表示在5%的水平上显著，* 表示在10%的水平上显著。

数据来源：根据相关的中国民营企业调查数据整理。

表 8.8　营商环境效应回归结果：公关招待费用

变量	（1）研发支出/销售额	（2）投资/利润	（3）专利数目	（4）净资产收益率	（5）销售利润率
ETC（CV）	-0.002 2** (0.000 9)	-0.003 2 (0.002 5)	-0.097 6** (0.045 5)	0.000 3 (0.011 0)	-0.003 9 (0.003 6)
ETC	0.171 0 (0.139 0)	0.535 0*** (0.189 0)	1.209 0 (4.483 0)	-0.456 0 (0.474 0)	0.271 0* (0.142 0)
ln asset	0.000 5 (0.000 4)	-0.001 8** (0.000 7)	0.231 0*** (0.035 1)	-0.094 4*** (0.006 0)	-0.005 0*** (0.001 0)
firm age	0.000 4** (0.000 2)	0.000 3 (0.000 3)	0.048 7*** (0.010 3)	0.006 7*** (0.001 0)	0.000 5 (0.000 4)
female	0.001 0 (0.002 4)	0.005 8 (0.004 8)	-0.328 0*** (0.059 5)	-0.019 0 (0.011 6)	0.005 7 (0.005 8)
year of schooling	0.000 8** (0.000 4)	-0.000 2 (0.000 4)	0.092 3*** (0.016 3)	0.018 5*** (0.001 5)	-0.000 2 (0.000 6)
party member	-0.000 2 (0.001 9)	-0.003 8 (0.002 3)	-0.070 5 (0.079 2)	0.029 4** (0.012 2)	-0.008 6** (0.003 3)
PC or CPPCC	0.002 6 (0.002 0)	0.003 7 (0.002 3)	0.120 0 (0.082 8)	0.111 0*** (0.015 2)	-0.005 9 (0.004 6)
regulated sector	-0.006 2* (0.003 5)	0.021 0*** (0.004 5)	-0.656 0*** (0.091 7)	0.060 2** (0.024 7)	0.021 0*** (0.005 8)
ln GDP percapita	-0.027 7* (0.014 0)	-0.053 3*** (0.017 7)	-0.208 0 (0.622 0)	0.051 5 (0.075 5)	-0.032 7 (0.037 7)
constant	0.272 0* (0.135 0)	0.702 0*** (0.146)	0.877 0 (6.169 0)	-0.038 7 (0.763 0)	0.444 0 (0.398 0)
行业固定效应	控制	控制	控制	控制	控制
年份固定效应	控制	控制	控制	控制	控制
省份固定效应	控制	控制	控制	控制	控制
observations	12 411	12 829	7 530	17 485	16 085
R-squared	0.049	0.197	0.075	0.086	0.037

注：所有回归参数标准差都已在省级水平进行聚类调整（clustered at provincial level），括号中为标准差。所有模型均控制省份、年度和行业固定效应。*** 表示在1%的水平上显著，** 表示在5%的水平上显著，* 表示在10%的水平上显著。

数据来源：根据相关的中国民营企业调查数据整理。

表 8.9 营商环境效应回归结果：融资环境

变量	（1）研发支出/销售额	（2）投资/利润	（3）专利数目	（4）净资产收益率	（5）销售利润率
loan access（CV）	-0.004 5*** (0.001 6)	-0.001 7 (0.004 2)	-0.057 3 (0.068 8)	-0.013 5 (0.010 8)	-0.003 4 (0.003 0)
loan access	0.008 2 (0.005 3)	0.002 0 (0.013 9)	0.848 0*** (0.270 0)	0.122 0*** (0.033 7)	-0.014 8 (0.017 4)
ln asset	0.000 4 (0.000 5)	0.000 7 (0.000 9)	0.229 0*** (0.034 7)	-0.093 1*** (0.008 43)	-0.005 9*** (0.001 1)
firm age	0.000 7*** (0.000 2)	0.000 2 (0.000 4)	0.049 7*** (0.010 2)	0.004 4*** (0.001 4)	-0.000 1 (0.000 5)
female	0.004 0 (0.003 1)	0.004 0 (0.006 6)	-0.325 0*** (0.058 9)	-0.014 6 (0.016 1)	0.010 7 (0.007 5)
year of schooling	0.001 2*** (0.000 3)	-0.000 2 (0.000 6)	0.091 4*** (0.016 2)	0.020 1*** (0.002 7)	0.000 5 (0.000 4)
party member	-0.000 2 (0.002 1)	-0.007 7** (0.003 2)	-0.066 8 (0.076 9)	0.027 8** (0.013 1)	-0.010 6** (0.004 2)
PC or CPPCC	0.001 8 (0.002 5)	-0.002 0 (0.002 5)	0.109 0 (0.083 2)	0.098 4*** (0.014 3)	-0.007 4 (0.004 9)
regulated sector	-0.006 6 (0.004 5)	0.028 3*** (0.006 2)	-0.662 0*** (0.091 2)	0.052 1* (0.025 8)	0.021 6** (0.008 0)
ln GDP percapita	-0.033 9* (0.017 0)	-0.084 0*** (0.026 5)	-0.266 0 (0.569 0)	0.174 0** (0.077 4)	-0.039 8 (0.039 9)
constant	0.335 0** (0.161 0)	0.780 0*** (0.229 0)	0.036 2 (5.123 0)	-1.260 0* (0.737 0)	0.452 0 (0.347 0)
行业固定效应	控制	控制	控制	控制	控制
年份固定效应	控制	控制	控制	控制	控制
省份固定效应	控制	控制	控制	控制	控制
observations	9 769	8 506	7 523	11 484	11 284
R-squared	0.048	0.095	0.076	0.089	0.036

注：所有回归参数标准差都已在省级水平进行聚类调整（clustered at provincial level），括号中为标准差。所有模型均控制省份、年度和行业固定效应。*** 表示在1%的水平上显著，** 表示在5%的水平上显著，* 表示在10%的水平上显著。

数据来源：根据相关的中国民营企业调查数据整理。

9 地方政府与营商环境：基于税率的研究

9.1 问题的提出

党的十九大报告指出，建设现代化经济体系，必须把发展经济的着力点放在实体经济上。当前中国经济从高速增长进入中高速增长的新常态，实体经济一方面面临经济总体下行的压力，另一方面又承担着较高的税收负担。来自这两方面的压力使得企业投入创新的余力不足，阻碍传统型企业转型升级，甚至危及以制造业企业为主的大量企业的生存。为促进经济增长，鼓励实体经济发展，建设创新型国家，减税降费已成为中国财政工作的重点之一。习近平总书记在 2017 年中央经济工作会议上强调，要强化放水养鱼意识，在减税、降费、降低要素成本上加大工作力度，降低各类交易成本特别是制度性交易成本。2016 年，李克强总理在全国两会①期间做政府工作报告时指出，要确保所有行业税负只减不增。除了法定税率以外，造成企业税收负担的因素还有很多，而地方政府官员作为中央政策贯彻落实过程中的实际执行人，在中国政府组织制度中占据了极为重要的位置。因此，在探讨如何降低各地区企业实际税率时，现有研究都不可避免地关注到地方政府官员所起到的重要作用。

目前，研究地方官员对当地政治经济影响的文献主要从官员晋升激励这一视角，分析各省（自治区、直辖市）决策层之间的竞争与博弈。其中，官员晋升激励的一项重要研究是官员晋升的锦标赛机制，由周黎安（2004，2007）以及 Li 和 Zhou（2005）等学者提出后，引起学术界大量的讨论与研究，进而

---

① 中华人民共和国第十二届全国人民代表大会第四次会议和中国人民政治协商会议第十二届全国委员会第四次会议。

逐渐在财政学界形成一脉。虽然学者们对官员晋升锦标赛机制存在与否、具体在哪个（些）层级上存在以及影响力度等问题尚存在大量的争论（陶然 等，2010），但是基于资源稀缺的现实情况，现有文献普遍认为，地方官员通过激励影响企业实际税率、参与税收竞争，以吸引流动性资本，发展本地区经济。事实上，地方政府在税收征管方面的作用极为重要，地方政府可以通过调整征税强度与征管效率，给予企业税收优惠，参与税收竞争（刘慧龙 等，2014；谢贞发 等，2015）。因此，虽然中国地方政府无权决定税种和名义税率，地方政府可以通过税收优惠、减免、先征后返等方式影响本地实际税率。以往研究发现，中国县级实际税率存在很大差异（陈晓光，2016）。此外，现实世界中的税收征管不仅受到社会经济结构的约束，还受到政治体制的影响（Besley et al.，2014），一个国家的税收能力可能因地方政府执行税法的不力而被削弱（Chen，2017）。

已有研究发现，地方政府间过于激烈的税收竞争会导致某种合作或合谋①行为。这种合作或合谋行为主要发生在三个层面：第一，地方政府与辖区内的企业之间，即政企之间；第二，地方政府上下级之间，如省级政府与市级政府之间；第三，地方政府内部主要同级官员之间。现有文献对政企合谋的探讨最为广泛，研究涉及企业逃税问题（范子英 等，2016）、环境问题（袁凯华 等，2015）和矿难问题（聂辉华 等，2011）等。部分文献研究地方政府上下级之间的合作共谋行为，如周雪光（2008）从组织学视角研究了基层政府间共谋行为的制度逻辑；张莉等（2011）利用1999—2007年的省级面板数据研究了地方政府上下级官员之间的合谋行为对土地违法现象的影响。地方党政领导作为本地经济政策的主要决策者，在政策制定和执行中具有重要影响。而现有文献对地方政府组织内部同级官员之间合作行为的研究尚有欠缺，由于政府官员行为影响着企业实际税负的高低，考察官员行为与税收负担之间的关系是十分重要的（洪群 等，2018）。基于此，本书探讨同级政府内部党政领导之间的互动关系对当地企业实际税率的影响。具体而言，本书研究当地级市的党政领导同质性更强时是否更容易形成减轻企业税收负担的政策环境。

和以往研究相比，本书的贡献主要有以下几个方面：第一，首次通过官员个体特征的同质性，将官员搭配与地方实际税率联系起来，发现地方党政领导

---

① 参考周雪光（2008）的研究，本书对合作或合谋行为的界定是：代理人与监督人（如政企、地方政府上下级、地方政府官员等）之间相互配合，采取策略以应对中央政府（委托人）的政策法令与监督检查。在本书界定下的"合作"与"合谋"含义基本一样，但视角不同，前者偏向于解释参与人相互配合的行为，而后者偏向于强调这种行为与委托人的目标有所不同。

个体特征的相似性有助于形成更低的实际税率;第二,在官员晋升激励的逻辑下,本书探讨了地方官员在考虑区域经济增长与地方税收的策略时,个体同质性对其选择内部合作还是竞争的影响,进一步扩展了地方竞争与经济发展的文献;第三,利用中国工业企业数据,实证检验了市级官员搭配对当地企业实际税率的影响。实证结果表明,市级政府官员年龄、受教育程度以及党龄的同质性会促进内部合作,进而显著降低当地企业尤其是非国有企业的实际税率。

9.2 理论分析与研究假设

本书的理论分析基于以下逻辑:在以经济发展水平为主的考核系统中,地方官员受到晋升激励的影响,会尽可能地发展本地区经济,进而促使地区间展开税收竞争。然而,税收竞争往往带来非集体最优的结果,与中央政府的目标背离,因此地方政府参与税收竞争的过程中存在政府内部官员间的合作共谋行为。但是,又由于政府内部官员(特别是同级官员)彼此间具有竞争关系,使得这种合谋行为很容易被打破。因此,对于政府内部官员间选择合作还是不合作,某些基于身份认同的特性就显得尤为重要。

地方政府间的竞争行为对区域经济增长具有两个方向的影响:一方面,一个地区若缺乏政治竞争,则会伴随更高的税收、更低的资本支出和更低的劳动权益保障等反经济增长政策(Besley et al.,2010);另一方面,在资本流动的情况下,地方政府这种为增长而竞争的行为也可能会造成诸多不利影响,如公共品投入不足、经济效率损失和低工资的就业等(Zodrow et al.,1986),并且过多的税收优惠会导致大量的税收流失、造成税收负担分配的不公平(王玮,2017)。在没有中央政府干预或干预不足的情况下,地方官员受到晋升的激励,会促成地区间的过于激烈的税收竞争,最终导致一种非集体最优的囚徒困境。中央政府为了打破这种均衡结果,也为了保障自身的财力增长,有动机限制地方政府间的税收竞争行为(谢贞发 等,2015)。因此,即便在中央与地方信息不对称的情况下,地方政府若要参与税收竞争,其内部主要同级官员之间也必然需要一种建立在合作基础上的共识。

然而,由于晋升机会非常有限,地方政府内部的同级官员之间在合作以外又往往存在着竞争关系。当同级官员异质性较大时,上级官员很容易识别更有能力的下级官员进而将其提拔,因此在这种情况下,下级官员之间并没有激励促成短期内直接减少当地财政收入的合作,也就不会显著降低本地区企业的实际税率，以吸引流动性资本并进一步促进本地区经济发展。但是，当同级官员具有高度的同质性时，通过彼此竞争以得到上级认可的非合作行为的成本会十分高昂，此时选择通过彼此合作来降低辖区内的实际税率、发展本地经济、积累政绩才是官员的最优策略。

但是，为促进本地经济发展而推动降低当地企业实际税率的合作需要官员之间极高的默契，否则这种合作关系很容易被打破。由于人在相处的过程中具有"相似吸引"的偏好（Dimaggio，1997），故文化背景与个体特征的同质性往往是群体间构建默契、促进合作的关键因素。具体到中国市级党政领导的情况，一方面，市委书记与市长之间的同质性有利于促进两者的合作与身份认同，有利于其对经济政策的制定和执行达成共识，便于工作中的沟通与协调，这对有效降低企业实际税率有着积极的影响。另一方面，如果市委书记与市长之间的异质性很强，则上级官员易于分辨和提拔两者中更有能力的一位，促使异质性强的市委书记与市长的组合放弃合作，最终表现为当地企业的实际税负不会显著降低。此外，官员在个体特征不同的情况下，目标可能存在较大的差异。例如，年轻的官员主要目标在于晋升，因此有激励通过减税来促进经济发展。而年纪大的官员倾向于制定较低的经济增长目标（余泳泽 等，2017），更关注任期内的财政收入，因而减税动机不强。基于以上的分析，我们提出本书的第一个假设（假设9.1）。

假设9.1：相对于同质性较弱的市委书记与市长组合，同质性较强的市委书记与市长组合会更有倾向强化双方的合作以降低企业税负，促进当地的经济发展以积累政绩。

地方政府间税收竞争的实质是流动性资本之争，而不同所有权性质的企业所控资本的流动性是不同的，故企业虽然会根据各地区实际税率的高低迁移其注册地，但政府控制的企业发生注册地迁移的概率较小（Wu et al.，2007）。范子英和田彬彬（2016）的研究也发现，地方政府之所以有动力降低企业实际税负，主要是为了竞争流动性资本，提高本地区的经济总量，因此只有其自身流动性较强的私营企业与外资企业才有能力与地方政府讨价还价，成为在地方税收竞争中被照顾的对象。据此我们提出本书的第二个假设（假设9.2）。

假设9.2：国有股权会削弱官员同质性对企业实际税率的影响，即市委书记与市长同质性对非国有企业的税率下降影响更大。

9.3　模型设定、指标构建与数据来源

9.3.1　模型设定

为检验上述假设，本书构建如下固定效应模型：

$$\text{tax/sales}_{i, j, k, t} = \beta_1 \, \text{official similarity}_{j, t} + \beta_2 \, X^1_{j, t} + \beta_3 \, X^2_{i, j, k, t} +$$
$$\beta_4 \, X^3_{j, t} + \mu + \varepsilon_{i, j, k, t} \tag{9.1}$$

其中，$\mu = \mu_i + \mu_j + \mu_k + \mu_t$，下标 i 表示企业、j 表示市、k 表示行业、t 表示时期。

上述模型中，因变量 tax/sales 为企业的实际税率，等于税收占销售额的比重，用以衡量当地税收强度；自变量 official similarity 为官员同质性指标，包含 same age、sam education level、same party age、same gender 四个虚拟变量，分别衡量市委书记与市长是否具有相同的年龄、受教育水平、党龄和性别；控制变量 X^1 为官员层面的控制变量，包括市委书记（市长）的年龄、民族、晋升情况等指标；X^2 为企业层面的控制变量，包括企业年龄、规模、出口率等指标；X^3 为地级市层面的控制变量，包括地级市人均 GDP 以及常住人口和第二产业产值占 GDP 的比重。本书所有模型均控制了企业、行业、地区及时间固定效应。各变量的定义和具体说明见表 9.1。

表 9.1　变量名称、符号及定义

变量名称	变量符号	变量定义
企业税负	tax/sales	企业的实际税率
相同年龄	same age	虚拟变量，市委书记与市长年龄相同取 1，否则取 0
相同受教育水平	same education level	虚拟变量，市委书记与市长受教育水平相同取 1，否则取 0
相同党龄	same party age	虚拟变量，市委书记与市长党龄相同取 1，否则取 0
相同性别	same gender	虚拟变量，市委书记与市长性别相同取 1，否则取 0
年龄差距	age gap	市委书记与市长年龄差距绝对值

表9.1(续)

变量名称	变量符号	变量定义
受教育水平差距	education gap	市委书记与市长受教育年限差距绝对值，受教育年限定义为：高中、中专12年，大专、本科16年，硕士19年，博士23年
党龄差距	party age gap	市委书记与市长党龄差距绝对值
市长年龄	age of mayors	市长的年龄
市委书记年龄	age of city party secretaries	市委书记的年龄
市长民族	ethnic minority（mayors）	虚拟变量，市长是少数民族取1，否则取0
市委书记民族	ethnic minority（party secretaries）	虚拟变量，市委书记是少数民族取1，否则取0
本省领导人平均年龄	average age of city leaders in other cities	本省其他城市的市长、市委书记的年龄均值
市长本地晋升	locally promoted（mayors）	虚拟变量，市长由本地晋升取1，否则取0
市委书记本地晋升	locally promoted（party secretaries）	虚拟变量，市委书记由本地晋升取1，否则取0
企业年龄	firm age	企业成立至今的经营年限
企业资产	log fixed asset	总资产的自然对数
企业人数	log employee	雇佣劳动力人数的自然对数
出口强度	export rate	出口额占销售收入的份额
外资股份	foreign share	外资占总资本的比例
港澳台股份	HMT share	港澳台资本占总资本的比例
私营股份	individual share	私人资本占总资本的比例
人均GDP	GDP percapita	地级市人均国内生产总值
人口	population	地级市常住人口
产业结构	secondary industry percent	地级市第二产业产值占本市GDP的比重

9.3.2 指标构建

9.3.2.1 因变量

企业的实际税率（Effective Tax Rate，ETR）是实征数额占征税对象税额的比例，可以反映出企业方的税收负担与政府方的征税强度，是税收领域重点关注的一个问题。一般而言，实际税率过高，会阻碍企业投资与生产的积极性，影响当地的经济发展；实际税率过低，又无法满足地方政府的财政收入，进而增加财政压力。

理论上，ETR 存在两种度量方法：边际 ETR 与平均 ETR。前者一般在比较企业不同筹资项目的相关税费成本差异时使用（王延明，2002），后者则是在涉及税收竞争、政企关系、制度环境等相关文献中被广泛采用。因此，本书的被解释变量采用平均 ETR 的形式，并定义分子为企业当期所得税、增值税及营业税之和，分母为总的销售收入，即

$$\text{tax}/\text{sales} = \frac{\text{所得税}+\text{增值税}+\text{营业税}}{\text{销售收入}} \tag{9.2}$$

9.3.2.2 核心解释变量

本书从年龄、受教育水平、党龄和性别四个角度来衡量市委书记与市长的基本特征的相似性。第一，受到成长期的时代背景影响，同龄人的思想观念、处事方式乃至生活习惯在一个大的框架下都是趋同的，使得同龄人在合作中表现出更强的默契和更高的效率；第二，一个人的受教育水平会受到家庭背景和智力水平等诸多因素影响，进而又往往影响其看待和处理问题的方法与思维习惯，故具有相同受教育水平的人能更有效地沟通；第三，通过官员的党龄可以在一定程度上识别出官员参加政务工作的时间长短，进而反映出其工作经验的积累情况，故具有相同党龄的官员在处理工作问题上会表现出更高的一致性；第四，考虑到性别属于先天性差异，而男性与女性在许多方面的表现都有所不同，本书也将官员的性别是否相同作为同质性指标纳入模型。具体而言，本书使用两种方式来构造地级市党政领导同质性指标。我们采用市委书记与市长的年龄、受教育水平、党龄以及性别是否相同的四个虚拟变量来衡量官员的同质性，若相同则取 1；反之则取 0。采用虚拟变量的优点在于估计结果直观且便于解释，但是缺点在于难以估计地方党政领导在年龄、受教育水平和党龄上的差距对本地税率的影响大小。为此，本书在稳健性分析部分采用地级市市委书记和市长年龄差距绝对值、受教育年限差距绝对值和党龄差距绝对值作为本书的替代性解释变量重新估计模型。基于以上两种方式构造的核心解释变量可以

相互印证，进一步支撑本书结论的稳健性。

据此，本书进一步假设，相较于市委书记与市长的年龄、受教育水平、党龄或性别不同的情况，当两者的个人特征具有一定的同质性时，为促进本市经济增长而进行的合作会更加有效率，最终表现为显著降低该市企业的实际税率。根据我国的《党政领导干部选拔任用工作条例》规定，达到任职年龄界限或者退休年龄界限的党政领导干部应免去其现职，故官员年龄对其能否获得晋升具有重要影响。因此，在以上解释变量中，市委书记与市长的年龄是否相同是本书最为关注的官员同质性指标。

9.3.2.3 控制变量

控制变量包括三个部分：其一，官员的特征，如年龄、是否为少数民族、是否由本地晋升等，以控制官员的个体因素与工作背景对税收的影响；其二，企业特征，如企业年龄、企业规模、是否为出口型企业以及企业所有制类型等；其三，地区特征，包括地区的经济发展水平（以人均 GDP 度量）、地区的经济规模（以常住人口度量）和产业结构（以第二产业占 GDP 的比重度量）。其中，所有制类型分别通过外资股份、港澳台股份以及私营股份的占比来进行度量，这三个变量的引入是为了控制企业所有制形式对实际税率的影响，而出口强度指标的引入是为了控制针对出口型企业不同的税收政策导致的实际税率差别。

9.3.3 样本选择和数据来源

研究市级领导的同质性对当地税率的影响，主要涉及企业微观数据和地方领导人数据。其中，本书企业层面的数据来自中国工业企业数据库 2000—2007 年工业企业的非平衡面板数据，包含企业实际税率以及企业的基本特征如规模、年龄、股份结构等。该数据库由国家统计局建立，全称为"全国国有及规模以上非国有工业企业数据库"。从行业来看，"工业"统计口径包括"采掘业""制造业"和"电力、燃气及水的生产和供应"三个门类，其中制造业占比90%以上。从统计单位来看，该数据库的样本范围包含了所有的国有企业以及"规模以上"的非国有企业，后者具体指每年主营业务收入在500万元及以上（2011年以前的标准）的非国有企业（聂辉华 等，2012）。目前，中国工业企业数据是中国覆盖范围最广且包含企业样本最多的企业微观数据。由于数据统计口径的变动，目前多数学者使用 1999—2007 年的数据进行研究。考虑到数据的可靠性和限于数据的可获取性，本书使用 2000—2007 年的工业企业数据，并借鉴 Cai 和 Liu（2009）等相关文献处理方法对数据的异常值进行剔除，最终获得企业一级的面板数据。

参考以往研究文献，本书主要关注地级市的市长和市委书记特征对本地实际税率的影响。市委书记和市长作为地方经济政策制定和执行的主要决策者，对本地经济政策具有重要影响。为了测度市长和市委书记特征的相似性，本书收集了全国 334 个地级市 2000—2007 年的市委书记和市长的个人基本特征，包括年龄、受教育水平、民族、党龄、是否本地晋升等。地级市市委书记和市长的数据来源于全国各地的政府网站和地方年鉴。最后，我们再根据地级市的名称和行政区划代码将地级市党政领导数据和中国工业企业数据进行匹配。

9.4 实证分析

9.4.1 描述性统计

表 9.2 显示了本书使用的主要变量的描述性统计，其中上半部分针对的是企业层面的指标，而下半部分针对的是官员层面的指标。

表9.2 变量描述性统计量

第一部分：企业变量	样本量	均值	标准差	最小值	最大值
tax/sales	1 823 237	0.084	0.114	0	1
firm age/年	2 007 569	10.300	11.600	0	100
log fixed asset/万元	2 012 641	8.340	1.520	5.560	11.200
log employee/人	2 012 641	4.770	1.130	2.080	12.100
export rate	1 998 468	0.171	0.341	0	1
foreign share	1 993 583	0.075	0.242	0	1
HMT share	1 993 591	0.081	0.256	0	1
individual share	1 993 530	0.395	0.467	0	1
第二部分：地区变量	样本量	均值	标准差	最小值	最大值
same age	1 972	0.229	0.420	0	1
sam education level	1 813	0.412	0.492	0	1
same party age	1 526	0.083	0.276	0	1
same gender	1 976	0.928	0.258	0	1
age gap/年	1 972	4.540	3.510	0	15
education gap/年	1 813	2.260	2.340	0	7

第二部分：地区变量	样本量	均值	标准差	最小值	最大值
party age gap/年	1 526	5.930	4.840	0	43
GDP percapita/元	1 918	14 114	12 395	2 153	93 687
population/万人	1 905	442.480	299.684	39.720	2 848.800
secondary industry percent	2 000	0.456	0.111	0.157	0.897

9.4.1.1　企业层面

企业层面的样本量较大，平均各项约有 200 万个观测值，部分变量存在少数缺失值。平均而言，各地区企业的实际税率为 8.4%，持续经营期间为 10.30 年，港澳台资本与外资占比不高，分别为 8.1% 和 7.5%，而私人资本占比为 39.5%。

9.4.1.2　官员层面

由基本统计量可知，在收集到的 1 972 个样本中，市委书记与市长年龄相同的占 22.9%。另外，在三项衡量官员同质性的指标中，性别相同的可能性最高，为 92.8%，之后是受教育水平，而党龄相同的情况最少，仅占 1 526 个样本的 8.3%。本书进一步做出市委书记与市长的年龄差距和党龄差距分布图（见图 9.1 和图 9.2）。图 9.1 和图 9.2 表明，地级市的市委书记和市长的年龄和党龄差距在不同地区之间具有很大差异，这为本书通过计量经济学回归模型识别地级市党政领导的相似性对本地税率的影响提供了基础。

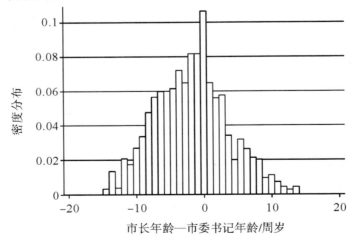

图 9.1　市委书记与市长的年龄差距分布

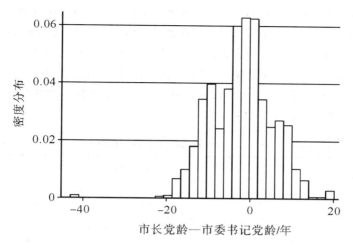

图 9.2　市委书记与市长党龄差距分布

9.4.2　基本回归结果

表 9.3 是面板固定效应模型的基本回归结果，被解释变量为实际税率。其中，第 1 列描述在市委书记和市长年龄相同的情况与实际税率的相关性。由回归结果可知，当市委书记与市长具有相同的年龄时，实际税率将降低 0.48%，相对于样本平均税负水平（8.4%）下降 5.7%（0.48%/8.4%），且在 1% 的水平上显著。在继续加入其他解释变量与控制变量后，官员年龄同质性对企业实际税率的影响在 0.32% ~ 0.48% 波动，故这一作用并没有发生大的变化。此外，本书最为关注的系数 β_1 的符号始终为负且至少能通过 5% 的显著性检验。可见，当市委书记与市长具有相同的年龄时，当地企业的实际税率相对较低，进而税收负担相对较小。

在第 2 列中，我们加入了考察官员受教育水平是否相同的指标，发现当市委书记与市长具有相同的受教育水平时，企业的实际税率将显著降低 0.24%，但这一影响会随着党龄与性别同质性指标的加入而失去显著性。由第 3 列可知，官员党龄是否相同会对企业的实际税率产生显著影响。具体而言，当市委书记与市长具有相同的党龄时，企业面对的实际税率将降低 0.72%，且在 1% 的水平下显著。而此时，市委书记与市长在受教育水平和性别上的差异均不会对实际税率造成显著的影响。

从晋升路径上看，市委书记对实际税率的影响则具有市长方面没有的独特之处，若市委书记是由本地区提拔上来的，相较于由外地官员迁入的情况，当地的实际税率会显著的高出0.65%。此外，市委书记与市长是否为少数民族也会对当地的实际税率产生显著影响，两者对实际税率影响的作用相近，但方向相反。具体而言，若市长为少数民族，相较于市长为汉族的情况，当地企业的实际税率将显著上升0.79%；而当市委书记为少数民族时，这一影响变为−0.0058，即实际税率将显著降低约0.58%。综上所述，表9.3的结果对本书的主要理论假说提供了实证支持。

表 9.3　固定效应模型基本回归结果

变量	tax/sales			
	（1）	（2）	（3）	（4）
same age	−0.004 8 *** (0.001 2)	−0.004 8 *** (0.001 3)	−0.004 5 *** (0.001 4)	−0.003 2 ** (0.001 3)
same education level	—	−0.002 4 ** (0.001 1)	−0.000 7 (0.001 2)	0.000 2 (0.001 2)
same party age	—	—	−0.007 2 *** (0.001 7)	−0.008 7 *** (0.001 8)
same gender	—	—	0.001 8 (0.003 7)	0.001 2 (0.003 8)
age of mayors	—	—	—	3.50e−05 (0.000 2)
age of city party secretaries	—	—	—	−0.000 4 (0.000 2)
ethnic minority （mayors）	—	—	—	0.007 9 ** (0.003 5)
ethnic minority （party secretaries）	—	—	—	−0.005 8 ** (0.002 8)
average age of city leaders in other cities	—	—	—	−0.076 9 ** (0.033 2)
locally promoted （mayors）	—	—	—	0.002 3 (0.002 8)
locally promoted （party secretaries）	—	—	—	0.006 5 *** (0.002 2)
firm age	1.74e−05 (2.21e−05)	9.43e−06 (2.36e−05)	−1.35e−05 (2.64e−05)	−8.82e−06 (2.74e−05)

表9.3(续)

变量	tax/sales			
	（1）	（2）	（3）	（4）
log fixed asset	0.000 8 *** （0.000 2）	0.000 7 *** （0.000 2）	0.000 6 ** （0.000 2）	0.000 7 ** （0.000 3）
log employee	0.000 5 （0.000 3）	0.000 6 * （0.000 3）	0.000 8 ** （0.000 4）	0.000 8 ** （0.000 4）
export rate	−0.003 1 *** （0.001 0）	−0.003 3 *** （0.001 1）	−0.003 6 *** （0.001 2）	−0.003 5 *** （0.001 2）
foreign share	0.002 2 ** （0.001 1）	0.002 2 * （0.001 1）	0.002 1 （0.001 3）	0.002 4 * （0.001 3）
HMT share	0.002 1 * （0.001 1）	0.001 7 （0.001 2）	0.001 3 （0.001 4）	0.001 6 （0.001 4）
individual share	0.000 8 （0.000 5）	0.000 7 （0.000 5）	0.000 7 （0.000 5）	0.000 9 （0.000 6）
GDP percapita	1.18e−07 ** （5.82e−08）	1.02e−07 * （5.95e−08）	9.69e−08 （7.76e−08）	7.59e−08 （8.47e−08）
population	−1.32e−05 （2.83e−05）	−1.84e−05 （3.01e−05）	−2.67e−05 （2.94e−05）	−3.84e−05 （2.65e−05）
secondary industry percent	−0.054 5 *** （0.016 5）	−0.069 7 *** （0.018 1）	−0.080 6 *** （0.020 7）	−0.073 4 *** （0.020 9）
constant	0.070 1 *** （0.020 6）	0.082 7 *** （0.022 4）	0.092 9 *** （0.026 8）	4.007 ** （1.691）
企业固定效应	控制	控制	控制	控制
行业固定效应	控制	控制	控制	控制
地区固定效应	控制	控制	控制	控制
样本量	1 144 581	1 070 238	919 120	901 265
R^2	0.722	0.725	0.727	0.727

注：所有回归参数标准差都已在地级市水平进行聚类调整，括号中为标准差。所有模型均控制企业、行业和地区固定效应。*** 、** 和 * 分别表示在1%、5%和10%的水平上显著。

9.4.3 异质性分析

通过前文对数据来源情况的描述，可以看到中国工业企业数据库调查了所有国有企业以及规模以上工业企业的情况，而在现有的制度环境下，公司的实际税率在国有控股公司和非国有控股公司之间存在明显的差异（刘慧龙 等，2014）。因此，本书在模型（9.1）的基础上，对企业是否为国有企业的情况展开进一步分析。从表 9.4 的第 1 列可以看出，在被调查企业为国有企业而其属地的市委书记与市长的党龄相同的情况下，国有企业相较于非国有企业所承担的实际税率会显著增长 0.37%，这将大幅度抵消官员党龄相同所带来的实际税率的减少。因此可以认为，市委书记与市长党龄的同质性对降低企业税负的效应主要发生在非国有企业。

地方官员由于个人特质相近而产生的合作行为是一种非正式机制，其影响可能与本地的正式制度的质量密切相关。为了度量正式制度的影响，我们主要考察本地政府规模和官员廉洁程度两个指标。具体而言，我们使用国家机关、政党机关和社会团体年底职工人数占本省份总人口的比例来度量政府规模（government size）；使用公职人员因职务犯罪被提起诉讼的人数占本省份总公职人员的比例来度量腐败程度（corruption index），数据来源于历年的《中国纪检监察年鉴》。我们在回归中引入正式制度和官员特征的相似性的交叉项来检验其影响。

表 9.4 第 2 列和第 3 列的结果表明，地级市领导个人特质相似性所产生的减税效应在正式制度较差的地方对企业实际税率的影响更大，表明地方领导通过合作形成的非正式治理机制可以在一定程度上对正式制度起到补充作用。

表 9.4 异质性分析

变量	tax/sales		
	（1）	（2）	（3）
same age	−0.004 7 *** (0.001 5)	−0.003 1 ** (0.001 3)	−0.003 1 ** (0.001 4)
same education level	0.000 6 (0.001 2)	0.000 8 (0.001 2)	0.000 7 (0.001 1)
same party age	−0.008 1 *** (0.001 8)	−0.006 5 *** (0.001 4)	−0.006 5 *** (0.001 6)
same gender	0.002 0 (0.003 7)	0.002 7 (0.003 6)	0.001 3 (0.003 5)
same age×state firm	0.000 7 (0.001 3)	—	—
same party age×state firm	0.003 7 *** (0.001 4)	—	—

表9.4(续)

变量	tax/sales		
	（1）	（2）	（3）
same age× Government size	—	−0.000 9 * (0.000 5)	—
same party age× Government size	—	−0.004 8 *** (0.001 5)	—
government size	—	−0.000 9 (0.001 1)	—
same age× Crruption index	—	—	−0.000 3 ** (0.000 2)
same party age× Corruption index	—	—	−0.000 4 ** (0.000 2)
corruption index	—	—	−0.000 2 (0.000 1)
firm age	−1.34e−05 (2.64e−05)	−1.28e−05 (2.64e−05)	−8.51e−06 (2.64e−05)
log fixed asset	0.000 6 ** (0.000 3)	0.000 5 * (0.000 3)	0.000 5 * (0.000 3)
log employee	0.000 8 ** (0.000 4)	0.000 7 * (0.000 4)	0.000 9 ** (0.000 4)
export rate	−0.003 6 *** (0.001 2)	−0.003 7 *** (0.001 2)	−0.003 6 *** (0.001 2)
foreign share	0.002 9 ** (0.001 4)	0.002 3 * (0.001 3)	0.002 1 (0.001 3)
HMT share	0.001 7 (0.001 5)	0.001 4 (0.001 4)	0.001 4 (0.001 4)
individual share	0.000 8 (0.000 6)	0.000 9 (0.000 5)	0.000 8 (0.000 6)
GDP percapita	9.54e−08 (7.79e−08)	3.16e−08 (8.32e−08)	2.66e−08 (7.55e−08)
population	−2.64e−05 (2.95e−05)	−1.84e−05 (2.72e−05)	−9.31e−06 (2.64e−05)
secondary industry percent	−0.079 8 *** (0.020 6)	−0.066 9 *** (0.018 4)	−0.090 9 *** (0.019 5)

表9.4(续)

变量	tax/sales		
	(1)	(2)	(3)
constant	0.093 3*** (0.026 9)	0.109 0*** (0.030 1)	0.102 0*** (0.024 0)
企业固定效应	控制	控制	控制
行业固定效应	控制	控制	控制
地区固定效应	控制	控制	控制
样本量	919 120	919 120	919 120
R^2	0.727	0.727	0.727

注: 所有回归参数标准差都已在地级市水平进行聚类调整, 括号中为标准差。所有模型均控制企业、行业和地区固定效应。***、** 和 * 分别表示在 1%、5% 和 10% 的水平上显著。

9.5 稳健性检验

我们在这一节对本书回归结果的稳健性做进一步讨论。不同于研究地方官员特征和经济增长的文献,本书的回归结果受到内生性问题困扰较小。首先,虽然地方领导的特征如年龄、党龄、受教育程度等变量在某种程度上和地方经济发展存在相关性,但是本书关注的是同级别地方领导之间个人特征的相似性。由于地级市的市长和市委书记往往不是同步更换,地方领导的特征组合具有一定的随机性。其次,虽然地方经济发展状况会影响本地官员晋升,但是并不直接影响官员之间的相似程度,因此本书估计结果不太可能受到反向因果关系的影响。此外,我们在模型中控制了企业固定效应、地区固定效应和一系列地区特征,从而使得回归结果受企业和地区遗漏变量的影响较小。

即便如此,依然存在影响本书估计结果稳健性的其他问题,我们对此进行一系列分样本稳健性检验。首先,由于官员的行为和任期之间紧密相关,任期较短的官员往往采取较为激进的政策以取得短期效果。为了检验本书估计结果是否受不同任期官员的影响,我们排除了任期超过一届的市级领导,发现估计结果依然稳健(见表9.5第1列)。其次,中国地级市的党政领导任职年龄存在明确限制,接近任职年龄限制的官员晋升概率大幅下降,从而改变地方官员的激励和行为。为了排除任职年龄限制的影响,我们排除了 55 周岁以上的市长和市委书记，发现结果保持稳定（见表9.5第2列）。最后，除了个人年龄、党龄、受教育程度等特征外，地方领导来源地的相似性也会对他们之间的合作程度产生影响，例如，籍贯相同的领导之间由于文化、语言和习俗的相近，更容易形成合作。为了检验本书估计结果是否受到地方领导来源地的影响，我们进一步排除了籍贯相同的市级领导，发现本书的估计结果依然稳健（见表9.5第3列）。

我们还对本书的主要解释变量构造方式做稳健性检验。在本书的基准回归模型中，我们使用虚拟变量来测度地方党政领导在年龄、受教育水平和党龄上的同质性，这一构造方式的优点在于系数直观且便于解释，但是缺点是难以估计地方党政领导在年龄、受教育水平和党龄上的差距对本地税率的影响大小。为此，我们使用地级市市委书记和市长年龄差距绝对值、受教育年限差距绝对值和党龄差距绝对值作为本书的替代性解释变量重新估计模型（9.1）。表9.6汇报了替代性解释变量的回归结果。表9.6的回归结果显示，市委书记和市长年龄差距绝对值、受教育年限差距绝对值和党龄差距绝对值与本地企业实际税率显著正相关，表明地级市党政领导差异性越大，本地企业实际税负越高，也进一步佐证了基于虚拟变量的回归结果的稳健性。根据表9.6第1列的回归结果，市委书记和市长年龄差距绝对值扩大一个标准差（年龄差距标准差为3.51）将导致本地企业实际税率上升约0.14%；根据第2列的回归结果，受教育年限差距绝对值扩大一个标准差（受教育年限差距标准差为2.34）将导致本地企业实际税率提高约0.16%；根据第3列的回归结果，党龄差距绝对值增长一个标准差（党龄差距标准差为4.84）将导致本地企业平均税率上升约0.24%。

表9.5　稳健性检验：分样本回归结果

变量	tax/sales		
	（1）	（2）	（3）
same age	−0.003 3 ** （0.001 4）	−0.004 1 *** （0.001 4）	−0.003 9 *** （0.001 3）
same education level	0.000 6 （0.001 3）	0.001 3 （0.001 0）	0.000 7 （0.001 4）
same party age	−0.011 4 *** （0.002 7）	−0.003 0 * （0.001 6）	−0.011 9 *** （0.001 8）
same gender	0.002 8 （0.004 0）	0.001 4 （0.003 0）	0.001 0 （0.004 2）

表9.5(续)

变量	tax/sales		
	（1）	（2）	（3）
age of mayors	0.000 1 （0.000 2）	0.000 0 （0.000 2）	0.000 1 （0.000 2）
age of city party secretaries	−0.000 3 （0.000 3）	−0.000 4 （0.000 2）	−0.000 7 ** （0.000 3）
ethnic minority （mayors）	0.008 3 ** （0.003 9）	0.016 3 *** （0.005 3）	0.011 8 *** （0.004 2）
ethnic minority （party secretaries）	−0.005 8 * （0.002 9）	−0.007 1 ** （0.003 1）	−0.008 2 ** （0.003 2）
average age of city leaders in other cities	−0.033 9 （0.041 4）	−0.104 0 ** （0.042 0）	−0.095 2 *** （0.033 4）
locally promoted （mayors）	0.002 6 （0.003 5）	0.001 3 （0.004 4）	0.003 2 （0.003 1）
locally promoted （party secretaries）	0.006 0 *** （0.002 3）	0.005 5 ** （0.002 2）	0.001 5 （0.002 7）
firm age	−9.72e−06 （2.85e−05）	1.63e−05 （2.95e−05）	−2.19e−06 （2.97e−05）
log fixed asset	0.000 8 *** （0.000 3）	0.000 6 ** （0.000 3）	0.000 7 ** （0.000 3）
log employee	0.000 8 ** （0.000 4）	0.000 9 ** （0.000 4）	0.000 7 （0.000 4）
export rate	−0.004 2 *** （0.001 3）	−0.003 9 *** （0.001 2）	−0.003 8 *** （0.001 3）
foreign share	0.002 9 ** （0.001 4）	0.000 5 （0.001 5）	0.003 5 ** （0.001 4）
HMT share	0.002 1 （0.001 6）	0.001 2 （0.001 4）	0.002 7 * （0.001 5）
individual share	0.001 3 ** （0.000 6）	0.001 2 * （0.000 6）	0.001 2 * （0.000 6）
GDP percapita	−2.69e−08 （8.96e−08）	1.26e−07 （8.73e−08）	9.10e−08 （1.17e−07）
population	−4.43e−05 （2.85e−05）	−6.64e−06 （1.73e−05）	−4.86e−05 * （2.69e−05）
secondary industry percent	−0.068 3 *** （0.022 8）	−0.044 1 ** （0.021 3）	−0.065 0 *** （0.021 6）

表9.5(续)

变量	tax/sales		
	（1）	（2）	（3）
constant	1.824 0 (2.105 0)	5.359 0** (2.136 0)	4.958 0*** (1.702 0)
企业固定效应	控制	控制	控制
行业固定效应	控制	控制	控制
地区固定效应	控制	控制	控制
样本量	825 069	708 734	815 863
R^2	0.733	0.746	0.725

注：所有回归参数标准差都已在地级市水平进行聚类调整，括号中为标准差。所有模型均控制企业、行业和地区固定效应。***、** 和 * 分别表示在1%、5%和10%的水平上显著。

表9.6 稳健性检验：替代性解释变量回归结果

变量	tax/sales			
	（1）	（2）	（3）	（4）
age gap	0.000 4** (0.000 2)	0.000 4** (0.000 2)	9.15e-05** (0.000 0)	9.23e-05** (0.000 0)
education gap	—	0.000 7*** (0.000 3)	0.000 4*** (0.000 1)	0.000 4*** (0.000 1)
party age gap	—	—	0.000 5*** (0.000 0)	0.000 4*** (0.000 0)
same gender	—	—	0.000 2 (0.000 5)	0.000 2 (0.000 5)
age of mayors	—	—	—	0.000 1 (0.000 1)
age of city party secretaries	—	—	—	−6.33e-05 (5.97e-05)
ethnic minority （mayors）	—	—	—	0.008 3*** (0.001 6)
ethnic minority （party secretaries）	—	—	—	−0.005 9*** (0.000 8)
average age of city leaders in other cities	—	—	—	−0.043 0*** (0.012 3)

表9.6(续)

变量	tax/sales			
	(1)	(2)	(3)	(4)
locally promoted (mayors)	—	—	—	0.003 1*** (0.000 5)
locally promoted (party secretaries)	—	—	—	0.006 9*** (0.000 6)
firm age	1.65e−05 (2.21e−05)	9.41e−06 (2.36e−05)	−1.74e−05 (2.27e−05)	−1.21e−05 (2.32e−05)
log fixed asset	0.000 8*** (0.000 2)	0.000 7*** (0.000 2)	0.000 5*** (0.000 2)	0.000 6*** (0.000 2)
log employee	0.000 5 (0.000 3)	0.000 6* (0.000 3)	0.000 8*** (0.000 2)	0.000 8*** (0.000 2)
export rate	−0.003 1*** (0.001 0)	−0.003 4*** (0.001 1)	−0.003 6*** (0.000 6)	−0.003 5*** (0.000 6)
foreign share	0.002 2** (0.001 1)	0.002 1* (0.001 1)	0.002 0** (0.000 9)	0.002 3** (0.000 9)
HMT share	0.002 0* (0.001 1)	0.001 6 (0.001 2)	0.001 3 (0.000 9)	0.001 6* (0.000 9)
individual share	0.000 8 (0.000 5)	0.000 7 (0.000 5)	0.000 8*** (0.000 3)	0.001 0*** (0.000 3)
GDP percapita	1.47e−07*** (5.58e−08)	1.30e−07** (5.79e−08)	1.43e−07*** (2.04e−08)	1.16e−07*** (2.09e−08)
population	−2.05e−05 (2.87e−05)	−2.33e−05 (3.05e−05)	−3.19e−05*** (5.29e−06)	−3.56e−05*** (5.48e−06)
secondary industry percent	−0.051 6*** (0.016 3)	−0.066 4*** (0.017 8)	−0.076 0*** (0.004 2)	−0.070 7*** (0.004 3)
constant	0.069 0*** (0.020 0)	0.077 6*** (0.021 9)	0.087 5*** (0.004 3)	2.265 0*** (0.625 0)
企业固定效应	控制	控制	控制	控制
行业固定效应	控制	控制	控制	控制
地区固定效应	控制	控制	控制	控制
样本量	1 144 581	1 070 238	919 120	901 265
R^2	0.722	0.725	0.727	0.727

注：所有回归参数标准差都已在地级市水平进行聚类调整，括号中为标准差。所有模型均控制企业、行业和地区固定效应。***、** 和 * 分别表示在1%、5%和10%的水平上显著。

9.6　本章研究结论与政策建议

9.6.1　研究结论

官员在晋升激励下会努力促进辖区内的经济增长，进而促使本地区参与地方间的税收竞争，使得当地企业的实际税率显著降低，但这一行为与中央政府的财政目标不符，也会造成政府支出结构扭曲、市场割据及地方保护主义等隐患。现有的文献主要围绕政企之间或地方政府上下级之间的合谋行为进行研究，但针对地方政府内部同级官员之间竞争与合作的行为却鲜有讨论。本书即针对这一问题展开探讨，认为当同级官员存在高度同质性时，为获得晋升而展开相互竞争的行为是非理性的；相反，此时通过相互合作来发展地区经济以积累政绩才是最优策略。

本书得出的主要结论包括：第一，当市委书记与市长的年龄相同时，本地企业的实际税率将显著降低；第二，市委书记与市长受教育水平或党龄相同时也会产生类似的影响，平均而言，实际税率将分别降低约0.24%或0.72%；第三，地方领导同质性所形成的非正式治理机制可以在一定程度上对正式制度起到补充作用，表现在党政领导同质性所产生的减税效应对非国有企业和政府规模较大或者腐败比较严重的地区更为明显。和已有研究相比，本书的贡献在于关注同级政府内部官员之间的合作行为对本地经济政策的影响。以往文献主要关注不同地区的政府官员之间的竞争行为，本书的研究结果可以对文献做进一步补充和拓展。

值得注意的是，党的十八大以来，中国干部考核评价机制发生了重大变化。中国共产党第十八届三中全会提出，要完善发展成果考核评价体系，纠正单纯以经济增长速度评定政绩的偏向。考核评价机制由偏重经济增长转向强调经济发展质量，这可能对本书的结论产生两方面影响：一方面，由于经济增长速度在考核中的重要性下降，可能削弱地方官员通过税收竞争促进本地经济增长的动机，减弱地方官员特征对本地税率的影响。另一方面，在当前经济新常态下，经济发展更加强调高质量和可持续发展，减轻民营企业税负和优化营商环境更是当前各级政府工作的一个重点。在新的考核评价机制下，地方官员可能有更强的动机通过合作行为减税以促进本地企业创新和产业升级。因此，在干部考核评价机制下，地方官员同质性仍然可能对本地企业实际税率产生重要影响。

9.6.2　政策建议

基于本书的研究结论，我们提出以下政策建议：

第一，目前，减税降费已成为我国财政工作的重点之一，如何进一步优化营商环境、降低企业（尤其是民营企业）税负是值得关注的问题。本书提出，通过优化地方官员搭配，增强地区党政领导在知识结构、受教育水平、个人经历等方面的同质性，增进地方官员的合作与共识，从而显著降低企业实际税负，是一条有效的路径，这为优化地区营商环境以及地方政府减税降费工作的开展提供了新的思路。

第二，在新常态下，我国经济转型升级已处于关键时期，各项制度的配套跟进可能存在时滞性，此时需要非正式机制发挥协同作用。本书提出，官员之间的合作互动关系作为一项非正式制度，可以在一定程度上对正式制度起到补充作用。因此，为确保地方经济政策的有效落实，我们必须重视地区党政领导的合理搭配。

第三，党的十九大以来，随着国家治理现代化的进一步发展，官员晋升的考核标准正从传统上唯 GDP 论的政绩观演进为多方向、全方位的综合考察。在这一形势下，我们更应该从吏治角度出发研究优化官员配置，以进一步降低企业税负，助力实体经济发展。

10 市场中介组织与营商环境：基于行业协会的研究

10.1 问题的提出

改革开放以来，中国民营企业快速发展，成为我国国民经济的重要组成部分。近年来，随着我国劳动力、土地和原材料价格快速上涨，民营企业以低价格、低技术和低附加值产品为竞争优势的发展模式难以为继，研发和技术创新成为民营企业维持市场竞争力和可持续发展的必经之路（Wei et al., 2017）。2018 年，习近平总书记在民营企业座谈会上指出，民营企业要逐步适应我国经济由高速增长阶段转向高质量发展阶段的要求，要增强创新能力和核心竞争力。民营企业技术创新能力不仅是其自身发展的关键，而且还对我国经济结构转型具有重大影响。一方面，民营经济在提供就业、增加税收等方面发挥着举足轻重的作用，提升民营企业技术创新能力有助于推动我国经济社会持续健康发展；另一方面，民营企业作为技术创新的一个重要主体，民营企业发展模式由要素投入驱动向技术创新驱动转变，是我国实施创新驱动发展战略的一个重要动力。在此背景下，如何提升民营企业技术创新能力是一个亟待研究的重大问题。

由于创新活动具有较强的外部性，以往研究集中于考察政府和市场在企业创新活动中的作用。在我国经济转型时期，市场机制的发展完善需要经历长期的过程，而政府对企业的直接干预也将随着市场制度的完善而逐渐减少，政府通过补贴、税收优惠等手段促进企业创新的空间受到更多限制。近年来，在政府职能转变的背景下，政府部分职能向市场中介组织和非政府组织转移，以行业协会为代表的社会组织在提供社会服务和促进行业发展上的作用日益重要，成为推动我国经济转型和产业升级的一个重要力量（徐晞，2009；郁建兴 等，2011）。

那么，在目前我国市场制度发育尚不完善和部分政府职能向行业协会转移的背景下，行业协会作为"产业联合体"，是否可以作为市场制度的一种补充机制有效地促进民营企业创新呢？特别是在我国市场制度发育不完善的背景下，探讨行业协会对企业创新的影响及其作用机制具有重要的理论与政策意义。《光明日报》于2016年9月刊发了题为《推动科技创新：行业协会不能忘了"初心"》的专题报道（汪旭光，2016），引起了社会各界对行业协会推动科技创新作用的广泛关注。部分学者从理论上指出，行业协会可以从资源共享、行业监管、知识产权保护等多个渠道对企业的技术创新活动产生影响（Bennett，1998；Huggins et al.，2010；Larrain et al.，2015；Meyer et al.，2017；Reveley et al.，2010），但是已有研究大多基于理论分析和案例研究（郁建兴 等，2013），鲜有研究采用企业微观数据检验行业协会对企业技术创新的影响。因此，基于企业微观数据实证检验行业协会对民营企业创新活动的影响及其机制，不仅可以从理论上进一步丰富行业协会职能的相关文献，还对新时期行业协会改革实践具有重要的借鉴意义。

　　为此，本书使用2004—2012年共5次全国民营企业抽样调查数据，试图探索以下几个问题：①行业协会组织能否显著促进民营企业技术创新；②行业协会通过哪些可能的机制影响民营企业技术创新；③行业协会的影响如何随市场制度发展水平、企业政治联系状况和行业协会类型发生变化。与以往行业协会相关文献相比，本书有以下几个方面的贡献：第一，本书从推动企业技术创新的角度探讨了行业协会的作用，并使用大规模企业微观数据进行验证。以往对行业协会的研究主要基于局部地区的案例分析，研究结论受样本的局限性较大。本书采用全国性样本数据和计量实证分析方法研究行业协会对企业技术创新的影响，研究结果丰富了转型经济中行业协会对于经济发展作用的相关文献。第二，本书探讨了行业协会对民营企业创新的促进作用如何随企业自身特征发生变化，提出行业协会对于缩小企业之间的差距具有重要作用，拓展了以往文献对于行业协会作用的认识。第三，本书深入分析了行业协会影响民营企业技术创新的微观机制，并使用大规模微观数据对机制做了实证检验。其中，行业协会可以显著扩大企业市场活动空间范围和提高本地司法系统对企业的法律保护系首次得到实证检验。第四，通过探讨行业协会与制度环境的联系，本书对于如何在市场制度不完善情况下充分发挥行业协会的市场补充作用提供了理论依据。

10.2　文献回顾与研究假设

10.2.1　行业协会组织对企业技术创新的影响

Doner 和 Schneider（2000）通过对拉丁美洲、非洲和亚洲的多个发展中国家行业协会在推动经济转型中的作用研究认为，行业协会组织在发展中国家有助于克服"政府失灵"和"市场失灵"。对于"政府失灵"，行业协会可以推动政府为产业发展提供公共物品，如法律保护、公共设施以及参与行业政策制定；对于"市场失灵"，行业协会可以提供俱乐部物品，如制定行业标准、行业监管和协调、降低信息成本等。我国民营企业的发展同时受"政府失灵"和"市场失灵"的制约。例如，政府对企业行政干预较多，法律规则等制度建设相对薄弱，市场对企业所有制的歧视依然存在（徐义国 等，2018），民营企业在融资、市场进入、产权和合同保护等方面仍然面临较多困难。在此制度背景下，行业协会组织在协调企业与政府关系、企业与企业关系上发挥着重要作用，可以通过外部融资、市场拓展、知识产权保护等多种渠道帮助民营企业获取技术创新所需要的稀缺资源（Recanatini et al.，1999；Kuteesa et al.，2016）。

10.2.1.1　行业协会可以通过外部融资机制促进民营企业创新

企业技术创新需要投入大量资源，稳定的现金流对企业创新投入起到平滑作用。与内源性资金相比，外部资金在企业受到融资约束的条件下对企业研发活动的促进作用尤为显著（李汇东 等，2013）。目前，我国民营企业大部分属于非上市企业，企业缺乏可抵押资产和经营信息不透明是民营企业获取外部融资的主要障碍（胡赛，2018）。行业协会可以通过声誉机制、信任机制和集体担保机制增加企业外部融资。

首先，行业协会可以通过声誉机制减少融资过程中的信息不对称性。在经济转型中，行业协会组织作为一种信号传递机制能够在一定程度上减少企业和外部投资者之间的信息不对称问题。一方面，企业被行业协会接纳为会员，表明企业接受和遵守行业规则并得到行业管理机构的肯定和认同，可以提高企业知名度和声誉。制度理论认为，对于利益相关者而言，社会声誉更好的企业具有更高的合法性，其管理和经营的信息更容易被银行等金融机构了解，从而减少了融资过程中的信息不对称性（Suchman，1995；Le et al.，2009；Liu et al.，2010）。另一方面，导致民营企业融资困难的一个重要原因是外部金融机构对企业的还款能力和还款意愿缺乏了解。而民营企业在行业协会中形成的外部网络包括与供应商的关系、与核心企业的业务往来、与同行业企业的联系等信息，有助于银行了解受信企业在市场竞争、资金周转、合同遵守等方面的经验，减少信息不对称性（杨育敏 等，2009；寿志钢 等，2011）。

其次，企业家通过参加行业协会形成的社会资本，有助于增加银行对企业的信任。为了规避信贷风险，银行对企业的信任程度是影响银行放贷决策的重要因素（Uzzi et al.，2003）。在行业协会网络结构中，民营企业通过企业间横向联系、上下游企业之间的纵向联系以及企业与协会的联系，行成一个遵守共同行为规范的网络组织，并从中获取社会资本和创新所需资源（Nahapiet et al.，1998；陈爽英 等，2010）。社会资本通过信用社会关系网络和约束个体行为的组织规范，可以增强金融机构对企业的信任，有效降低银行信贷风险（罗党论 等，2011）。寿志钢等（2011）发现，无论在纵向还是横向的组织网络中，中小企业的社会资本均会影响银行对企业的还款能力及还款意愿的评估。褚杉尔等（2019）通过对沪、深文化创意上市公司的研究发现，社会资本能够帮助企业降低融资约束。

最后，行业协会通过集体担保机制降低银行放贷风险。青木昌彦（2001）指出在转型经济中由于缺乏发达的第三方实施机制，向新企业融资存在很大风险。而行业协会作为一种集体组织，可以将分散的信用担保资源汇集在一起建立集体信用担保机制，降低信用风险。汤文东（2006）通过对河南商丘市的调查发现，行业协会通过组织互助担保协会，形成行业性联保约束机制获取银行信贷支持。林海和王鑫（2007）对500家天津企业进行了调查走访发现，民间商会作为信用服务中介通过多种模式解决中小企业投融资困难以及银行对中小企业信贷不畅问题。郁建兴等（2011）通过对浙江省半导体行业协会调研发现，行业协会针对中小型、创业型企业成长过程中面临的融资难题，为会员企业向银行申请高额度贷款提供担保。

10.2.1.2　行业协会网络可以通过知识产权保护促进民营企业创新

制度理论（institutional theory）指出，人们在集体行动中具有很强的机会主义行为和"搭便车"的动机（Runge，1984；Holahan et al.，2016）。要防止集体行动中的机会主义行为，就必须通过一定的制度设计对人们的行为给予外部强制约束以降低预期不确定性和信息收集成本。与其他企业活动相比，企业在创新活动中形成的核心知识很容易产生溢出现象。由于创新知识的非排他性特征，企业溢出的核心知识很容易被同行业竞争对手窃取。因此，只有当企业的创新成果能够得到法律保护时，企业才能从这些创新活动中得到预期回报并进行研发（Ang et al.，2014）。行业协会作为产业联合体，可以通过两方面的作用增强对企业知识产权的保护，降低企业进行研发创新的风险。

首先，行业协会可以通过监督和惩罚机制约束行业内企业的机会主义行为，维持行业竞争秩序，减少同行业内部的知识产权侵权行为（Perry，2009）。行业协会通过行业自律作用如制定行业标准、建立行业公约、开展行业诚信建设、协助政府行业监管和行业处罚等方式促进会员企业遵守知识产权规则，提升行业知识产权保护意识，维护会员企业的合法权益。赵坤（2007）通过对温州剃须刀行业个案研究发现，行业协会通过制定行业公约、培育企业知识产权意识和协助解决专利纠纷维护企业知识产权。徐徐和朱允卫（2009）研究发现，行业协会通过"行业维权"这一非正式制度补充了正式专利制度的不足，促进了相关行业的技术创新和产业发展。

其次，行业协会内的企业可以通过集体行动机制（Bennett et al.，2007）如游说、提交提案、媒体呼吁等方式参与国家有关法律及政策的讨论和制定，推动知识产权立法和执法（甘思德 等，2012）。李秀峰和曾文远（2006）研究了中国国际快递工作委员会在快递业规制政策调整过程中的作用，认为行业协会对规制政策的形成发挥了显著作用。代辉（2015）指出，行业协会可以通过参与知识产权立法修改推动行业知识产权保护。

10.2.1.3 行业协会网络可以通过降低贸易成本帮助企业市场拓展促进民营企业创新

由于创新活动需要投入大量的前期成本，只有在一定市场规模以上的企业才能享有创新的规模经济效应（朱恒鹏，2006）。交易成本理论认为，贸易成本是影响企业跨地区扩张和远距离交易的主要障碍（den Butter et al.，2003）。贸易成本不仅包括运输成本、贸易政策、税收等传统成本，还包括搜寻成本、合约执行成本、诉讼成本等制度性成本（Anderson et al.，2004）。不同于单个个体所建立的关系网络，企业通过参加行业协会所形成的社会关系网络和社会资本，可以帮助企业大幅降低贸易成本、扩大市场广度。

首先，行业协会可以通过举办行业展销会和信息咨询服务，帮助企业进行品牌培育及市场推广，帮助会员单位寻求贸易伙伴和拓展市场（郁建兴 等，2011）。相对于单个企业的市场推广活动，以行业协会为平台的市场推广影响力更大、成本更低。行业协会通过利用自身的资源集中优势构建专业化的交易服务平台，扩大行业影响力（沈永东 等，2019）。特别是在跨国贸易中，行业协会可以通过集体力量组织反倾销诉讼等方式帮助会员企业突破贸易壁垒（余晖，2002）。潘劲（2007）以江苏省紫菜协会帮助会员企业进入日本紫菜市场为案例，研究发现农产品行业协会在突破国外贸易壁垒方面具有积极作用。曾亿武和郭红东（2016）以广东省揭阳市军埔村为例，发现电商协会通过集体谈判降低物流成本、牵头组织促销活动等方式扩大企业外部市场。

基于上述理论分析，本书提出假设 10.1 和假设 10.2。

假设 10.1（H_1）：行业协会网络可以显著促进民营企业技术创新，行业协会内的企业创新投入和产出都要显著高于未加入行业协会的企业。

假设 10.2（H_2）：行业协会促进民营企业技术创新的机制包括增加企业外部融资、拓展企业市场范围和加强对企业产权的法律保护。

10.2.2　制度环境、行业协会类型和政治联系调节作用

我国地域辽阔，各地区在历史传统、地理条件、经济发展水平等方面存在巨大差异，导致我国各地区市场制度的发展水平非常不平衡（樊纲 等，2016）。相对于东部沿海地区而言，中、西部内陆地区在整体市场化水平以及市场中介组织发育水平等方面与其存在较大差距。青木昌彦（2001）认为，市场交易机制的不完善是行业协会产生的一个重要原因。McMillan 和 Woodruff（2000）通过对转型国家行业协会的研究发现，行业协会产生的一个重要背景是因为法律体系不完善。因此，行业协会对民营企业创新活动的影响可能随企业所处的市场制度水平不同而改变。在市场制度发展滞后的地区，金融市场发展滞后，法律制度较为薄弱，企业技术创新面临的融资约束和知识产权保护等问题更为突出，行业协会发挥的市场补充作用更大。因此，本书提出假设10.3。

假设 10.3（H_3）：行业协会对民营企业创新的促进作用受到市场制度发展水平的影响，其作用在市场制度发展滞后的地区更大。

我国行业协会的发展基本遵循地方法团主义模式，即入会自愿和创会限制，有相当一部分行业协会直接从政府职能部门转变而来或以政府部门为业务主管单位（郁建兴，2006）。目前，我国行业协会可以分为政府主导和企业家主导两种主要类型（Zhang，2007）。政府主导的行业协会主要包括政府主管的行业协会、工商联下属行业协会等，实行自上而下的管理模式，政府行政干预较多，由于政府官员在协会交叉任职等原因，与政府部门的关系较为密切（霍沛军，2005）。企业家主导的行业协会主要包括各类个协、私协和私营企业家联谊会，实行由企业家自治的模式，政府行政干预相对较少。在我国目前的制度背景下，政府支持力度是影响行业协会职能发挥的关键因素（江静，2006；郁建兴 等，2013）。才国伟等（2010）发现，虽然政府对行业协会的干预随着政府支持而增加，但是政府支持力度不足会严重制约行业协会发展。因此，虽然企业家主导的行业协会是由市场力量自发形成的，具有更强的服务意识，但是政府主导型行业协会由于官方授权具有更多的政府资源。目前学术界对两种类型行业协会的影响尚存在争议（张华，2015）。因此，本书提出两条

竞争性假设供后文检验，即假设 10.4a 和假设 10.4b。

假设 10.4a（H_{4a}）：相对于企业家主导型行业协会，由政府主导的行业协会对企业技术创新的作用更强。

假设 10.4b（H_{4b}）：相对于企业家主导型行业协会，由政府主导的行业协会对企业技术创新的作用更弱。

在转型经济中，由于市场制度发育不完善，政府是配置经济资源的一个重要力量。为了克服市场制度发展不足和获取稀缺资源，企业通常依赖于同政府或官员的政治联系来开展商业活动。以往研究发现，政治联系可以帮助企业获取银行和其他金融机构的贷款（Cull et al.，2015），降低企业税费负担（Chen et al.，2017），扩大企业市场范围（Lu，2011），获得更好的产权保护（Berkowitz et al.，2015）。基于前文对转型经济中行业协会作用的讨论，本书预期没有政治联系的企业对行业协会更加依赖，行业协会对于这类企业技术创新的影响也越大。因此，本书提出假设 10.5。

假设 10.5（H_5）：行业协会对没有政治联系的民营企业技术创新的作用更显著。

图 10.1 是假设 10.5（H_5）的研究理论框架。

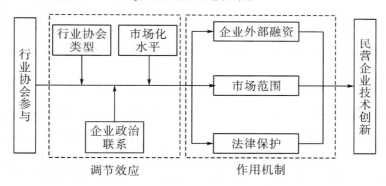

图 10.1　假设 10.5（H_5）的研究理论框架

10.3　研究设计

10.3.1　数据来源

本书使用的数据来源于 2004 年、2006 年、2008 年、2010 年和 2012 年共 5 次全国民营企业抽样调查数据。全国民营企业抽样调查由中共中央统战部、全国工商联、国家工商行政管理总局和中国社会科学院联合主持，原始数据来源于香港中文大学中国研究服务中心。该调查采用多阶段分层抽样的方法确定被调查企业。首先，调查单位根据全国民营企业的总数目确定样本大小。接下来，从每个省份抽取 6 个市和县，包括省会城市、一个地级市、一个县级市和三个县。其次，根据各省份民营企业数目占全国民营企业的比例来确定各个省份抽取的民营企业数目，在此基础上再使用相同的方法确定各个市、县和行业抽取的民营企业数目，确保样本具有较好的代表性。其中，2004 年、2006 年、2008 年、2010 年和 2012 年调查的样本量分别为 3 012 个、3 837 个、4 098 个、4 614 个和 5 073 个。由于全国民营企业抽样调查每次重新抽样，本书使用的数据是混合截面数据而不是面板数据。本书将原始数据中创新指标缺失和企业特征缺失的样本删除，从而得到本书最终的研究样本。

该调查问卷不仅收集了企业主个人信息如年龄、性别、受教育程度、以往的工作经历、家庭背景等情况，还收集了企业的信息如企业规模、发展历史、治理结构、经营状况等。可贵的是，问卷详细收集了企业对行业协会的参与情况和企业技术创新的各类指标。因此，这一数据是研究行业协会如何影响中国民营企业创新行为的一个重要数据来源。对样本的行业分布状况分析表明，民营企业主要分布在农林牧渔、制造、建筑、批发零售和住宿餐饮等行业。其中，约 40% 的民营企业分布在制造业。在当前制造业成本不断上升的背景下，技术创新对于民营企业的可持续发展具有不可替代的重要作用。

10.3.2 指标构建

参考以往研究文献（Lin et al.，2011），本书从投入和产出两个维度来衡量企业的技术创新能力。对于创新投入指标，本书采用企业研发投入来衡量企业的研发投资强度，企业研发投入越多表示企业进行技术创新的强度越高（孙红莉，2019）；对于创新产出指标，本书采用企业拥有的知识产权数目、企业自主设计的产品数目和企业新产品销售收入三个指标来衡量企业技术创新产出绩效。其中，企业知识产权数目和自主设计的产品数目主要从数量上衡量企业创新的产出绩效，而企业新产品销售收入则主要从产品市场竞争力的角度衡量企业创新的质量。值得注意的是，由于缺乏企业专利申请和授予的信息，本书使用企业拥有的知识产权，包含了企业拥有的商标、版权和专利信息。已有学者指出，由于受到专利激励政策的影响，近年来我国专利数量存在大量泡沫和"虚假创新"（Dang et al.，2015），企业专利难以转化为企业实际生产力和市场竞争力。本书使用的企业自主设计的产品数目和企业新产品销售收入主要从企业实际生产设计能力和产品市场竞争力的角度衡量企业创新绩效，更能反映企业实际创新能力，可以对使用专利数量的文献做重要补充①。

本书的关键解释变量为企业是否加入了本地的行业协会。我国目前的行业协会注册登记制度采取"一业一会、一地一会"的原则，企业在同一区域同时加入两个以上的行业协会的可能性较小。结合本书的数据所包含的信息，本书以企业是否加入了各级政府部门、工商联主管的行业协会和同业公会以及各类个协、私协和私营企业家联谊会来衡量企业是否为行业协会会员。

参考已有文献（孙红莉，2019），本书主要对可能影响企业技术创新的企业特征和企业家特征进行了控制。由于企业规模、年限和盈利水平都会对企业创新活动产生影响，本书控制的企业特征包括企业规模（以企业资产和职工人数衡量）、企业成立时间、净资产收益率。根据已有文献（Lin et al.，2011），企业家的人力资本水平、任职经历和政治联系对企业创新具有重要影响，本书控制了一系列企业家特征，包括企业家人力资本（以受教育年限衡量）、企业家管理经验（以企业家是否曾担任国有和集体企业管理人员衡量）、企业家与政府的政治联系（以民营企业家是否担任各级人大代表或政协委员衡量）。此外，为了控制宏观层面的经济发展水平的影响，回归模型还控制了企业所在地区的人均 GDP（孙红莉，2019）。为了消除不随时间变化的地区特征、行业特征和年份因素的影响，降低遗漏变量偏误，所有回归模型均控制省级固定效应、行业固定效应和调查年份固定效应。在异质性分析和机制分析部分，本书还使用了市场化指数、企业杠杆率、企业出口率等指标。

表 10.1 是本书主要变量的描述性统计特征。根据表 10.1 的结果，被调查民营企业平均而言拥有 1.13 项知识产权和 2.5 项自主设计的产品，变量标准差显示在不同的企业之间存在很大差异。同时，表 10.2 显示，67%的民营企业是各级行业协会会员，表明行业协会在民营企业中已经较为普遍。企业特征变量显示，民营企业的平均经营年限约为 8 年、平均员工规模为 64 人。企业家特征变量显示，约 30%的民营企业家具有在国有企业的工作经验，30.2%的民营企业家担任各级人大代表或政协委员。数据还显示，民营企业的市场范围比较局限，出口占销售额的比例平均为 3%，约 45%的民营企业市场范围局限在本省份。此外，约 33%的民营企业具有使用本地法庭解决商业纠纷的经历。相关系数还显示，行业协会和企业技术创新投入指标及产出指标都存在显著正相关；同时，控制变量之间的相关性较小，表明多重共线性问题并不严重。

---

① 参考以往研究，我们对新产品销售收入和研发投入取对数作为因变量。在取对数的过程中若因变量 y 的值为 0 则使用（$y+1$ 元）取对数替代。

表 10.1　主要变量的描述性统计

变量	变量定义	观测值	均值	标准差	最小值	最大值
知识产权数	企业拥有的知识产权数/个	3 823	1.130	5.300	0	100
自主设计产品数	企业自主设计产品数目/个	3 801	2.450	7.960	0	100
新产品销售额对数	企业新产品销售额对数/万元	1 282	−4.780	8.570	−11.500	10.800
研发投入对数	企业研发人投对数/万元	6 167	1.690	6.320	−3.999	7.170
行业协会	虚拟变量。若企业加入了行业协会，则等于 1，否则等于 0	6 167	0.668	0.471	0	1
企业资产	企业资产对数/万元	6 167	5.820	1.960	−0.105	18.400
企业年龄	企业注册为民营企业的年数/年	6 167	8.050	4.700	0	27
企业人数	企业员工人数对数/人	6 167	4	1.590	0	9.800
净资产收益率	净利润/净资产	6 167	0.290	0.605	−0.300	4
企业家受教育年限	企业家受教育年限/年	6 167	14.300	2.780	6	19
管理经验	虚拟变量。若民营企业家曾任国有或集体企业管理人员，则为 1，否则等于 0	6 167	0.297	0.457	0	1

变量	变量定义	观测值	均值	标准差	最小值	最大值
政治联系	虚拟变量。若民营企业家担任各级人大代表或政协委员，则为1，否则等于0	6 167	0.302	0.499	0	1
人均GDP	省级人均GDP/元	6 167	32 507	19 907	4 317	93 173
企业杠杆率	负债/资产	5 597	0.336	0.461	0	1.640
出口率	自有品牌出口占销售额比例	2 066	0.032	0.126	0	1
跨省销售	虚拟变量。若企业产品销售到其他省份，则为1，否则等于0	1 343	0.550	0.498	0	1
使用法庭解决纠纷	虚拟变量。若企业使用本地司法系统解决商业纠纷，则为1，否则等于0	2 591	0.333	0.472	0	1

数据来源：根据全国民营企业抽样调查整理，包含2004年、2006年、2008年、2010年和2012年数据。

10.3.3 计量模型设定

本书实证回归模型设定如下：

$$Innovation = \alpha + \beta \times Business\ Association + \delta X + \eta$$

其中，Innovation 为被解释变量，表示企业技术创新能力指标。Business Association 为本书关键解释变量，表示企业是否为行业协会会员。由于全国民营企业抽样调查每次重新抽样，本书使用的数据是混合截面数据而不是面板数据。相对于使用单一年份的截面数据，使用混合截面数据具有以下两方面优势：首先，混合截面数据可以使用年份和地区两个维度的变化识别行业协会的影响，而单一截面不具有年份差异；其次，使用混合截面数据可以控制地区固定效应，剔除不可观测的地区因素如地理、文化等因素的影响，降低遗漏变量偏误。由于企业专利数和自主设计产品数均为下限是 0 的拖尾变量，使用普通最小二乘法不能得到无偏和一致估计量，本书采用 tobit 模型进行估计。在实证分析中，本书对各个连续变量进行了 1% 缩尾处理以消除异常值的影响。

在进行多元回归分析之前，本书首先对行业协会会员企业和非会员企业技术创新指标差异做 t 检验。由于本书各个创新指标的数据可得性存在年份差异，本书选择将所有样本放在一起检验和不是逐年分开检验。表 10.2 汇报了双侧 t 检验的结果，显示无论从创新投入还是创新产出来看，参与行业协会的企业技术创新能力都要优于未参与行业协会的企业，这为行业协会有助于提升民营企业技术创新能力提供了初步的经验证据。本书在实证分析中将通过多元回归分析进一步分析行业协会的作用。

表 10.2 行业协会参与对企业创新差异的 t 检验

变量	(1) 加入行业协会企业	(2) 未加入行业协会企业	(1) − (2)	t 检验
知识产权数	1.550	0.455	1.095	−9.210***
自主设计产品数	3.150	1.300	1.850	−9.580***
新产品销售额对数	−4.200	−7.780	3.580	−11.410***
研发投入对数	1.823	1.183	0.640	−18.930***

注：*** 表示在 1% 的水平上显著，** 表示在 5% 的水平上显著，* 表示在 10% 的水平上显著。

数据来源：根据全国民营企业抽样调查整理，包含 2004 年、2006 年、2008 年、2010 年和 2012 年数据。

10.4 主要假设检验结果

10.4.1 行业协会参与与民营企业创新

表 10.3 汇报了行业协会对民营企业创新能力影响的多元回归结果。表 10.3 的结果表明,行业协会对企业技术创新投入强度和产出绩效都具有显著正向影响。从创新产出绩效来看,企业知识产权数($\beta = 3.73$,$P < 0.01$)、自主设计产品数($\beta = 3.288$,$P < 0.01$)和新产品销售额($\beta = 1.564$,$P < 0.01$)与行业协会均存在显著正相关关系,表明加入行业协会可以显著提高民营企业的技术创新产出数量和产出质量。行业协会对研发投入存在显著为正的影响($\beta = 0.981$,$P < 0.01$),表明加入行业协会能够显著增加民营企业在技术创新和研发上的投入。

同时,回归系数表明,行业协会的影响不仅在统计上是显著的,也具有重要的经济意义。根据表 10.3 第(1)列 tobit 模型回归系数的边际效应,加入行业协会使得企业拥有的知识产权数平均增加 0.4 项,相对于样本平均水平(样本均值为 1.13)增加 35%,表明加入行业协会对提升企业知识产权数的影响是不可忽视的。根据表 10.3 第(2)列 tobit 模型回归系数的边际效应,加入行业协会会使得企业自主设计产品数目平均增加 0.41 项,相对于样本平均水平(样本均值为 2.45)增长 16.7%。从创新投入来看,根据表 10.3 第(4)列研发强度的估计系数,加入行业协会使企业的研发强度提高 98%,表明行业协会能够较大幅度地提高企业创新的资源投入。因此,表 10.3 的回归结果对假设 H_1 提供了支持。

表 10.3 行业协会对企业创新能力的影响

变量	(1) 知识产权数	(2) 自主设计产品数	(3) 新产品销售额对数	(4) 研发投入对数
行业协会	3.730 0 *** (0.868 0)	3.288 0 *** (0.799 0)	1.564 0 *** (0.487 0)	0.981 0 *** (0.156 0)
企业资产	1.408 0 *** (0.273 0)	1.060 0 *** (0.266 0)	0.657 0 *** (0.172 0)	0.518 0 *** (0.052 0)

表10.3(续)

变量	（1） 知识产权数	（2） 自主设计 产品数	（3） 新产品 销售额 对数	（4） 研发投入 对数
企业年龄	0.300 0*** （0.081 9）	0.328 0*** （0.080 3）	0.128 0*** （0.049 5）	0.061 7*** （0.016 1）
企业人数	1.574 0*** （0.339 0）	1.442 0*** （0.334 0）	0.803 0*** （0.192 0）	0.654 0*** （0.063 7）
净资产收益率	2.673 0*** （0.552 0）	1.226 0** （0.575 0）	1.190 0*** （0.374 0）	1.131 0*** （0.118 0）
企业家教育水平	0.791 0*** （0.132 0）	0.895 0*** （0.126 0）	0.195 0** （0.079 6）	0.188 0*** （0.025 9）
管理经验	−0.541 0 （0.728 0）	−0.663 0 （0.714 0）	0.212 0 （0.425 0）	0.170 0 （0.151 0）
政治联系	−0.810 0 （0.755 0）	1.208 0 （0.742 0）	0.073 8 （0.496 0）	0.169 0 （0.155 0）
人均GDP	−2.96e−05 （0.000 1）	0.000 2 （0.000 1）	6.30e−05 （6.12e−05）	−4.59e−06 （1.61e−05）
年份固定效应	控制	控制	控制	控制
省份固定效应	控制	控制	控制	控制
行业固定效应	控制	控制	控制	控制
样本观察值	3 823	3 801	1 282	6 167
拟合优度	0.090	0.077	0.355	0.338

注：所有回归参数标准差都已在省级水平进行聚类调整，括号中为标准差。所有模型均控制省份、年度和行业固定效应。*** 表示在1%的水平上显著，** 表示在5%的水平上显著，* 表示在10%的水平上显著。

数据来源：根据全国民营企业抽样调查整理，包含2004年、2006年、2008年、2010年和2012年数据。

10.4.2 稳健性检验：内生性与样本选择问题

本书在上一节的多元回归模型中发现，民营企业加入行业协会可以显著提高其技术创新能力，但是行业协会对民营企业的技术创新产生促进作用的同时，技术创新能力较强的企业也可能被吸引到行业协会当中来，这将对本书识别行业协会参与对企业创新的因果关系形成困扰。为了进一步厘清行业协会参与和企业创新的因果关系，本书采用工具变量估计和倾向得分匹配两个实证策略。

由于本书使用的是重复截面数据，可能受到遗漏变量和逆向因果关系等内生性问题的影响。本书在回归中已经控制了省份、行业和年度固定效应，因遗漏不可观测的固定效应而导致的内生性问题得到缓解，但是回归结果依然可能受到逆向因果关系的干扰。为此，本书采用 Fisman 和 Svensson（2007）提出的工具变量估计方法来克服内生性，其基本思想是使用与研究企业位于同一个地区、同一个行业的其他企业加入行业协会的平均概率作为该企业是否加入行业协会的工具变量。一方面，同一地区、同一个行业的其他企业加入行业协会的概率反映了该地区和该行业的行业协会发展水平，从而影响企业是否加入行业协会，工具变量满足相关性假设；另一方面，其他企业加入行业协会的平均概率不会对本企业的技术创新产生直接影响，工具变量满足外生性假设。表10.4 汇报了工具变量两阶段回归结果。第一阶段回归的 F 统计量表明本书的工具变量不是弱工具变量；第二阶段的回归系数显著为正，表明行业协会对企业技术创新的影响在处理内生性以后依然稳健。

表 10.4　工具变量两阶段回归结果

第一阶段估计结果				
变量	（1） 知识产权数	（2） 自主设计 产品数	（3） 新产品 销售额对数	（4） 研发投入 对数
其他企业加入行业 协会比列	0.680 0*** （0.056 1）	0.672 0*** （0.056 4）	0.681 0*** （0.096 9）	0.666 0*** （0.044 3）
第一阶段 F 统计量	146.693 0	141.594 0	49.357 0	225.992 0
第二阶段估计结果				
变量	（1） 知识产权数	（2） 自主设计 产品数	（3） 新产品 销售额对数	（4） 研发投入 对数
行业协会	1.985 0* （1.018 0）	3.585 0** （1.524 0）	5.924 0** （2.538 0）	3.838 0*** （0.841 0）
企业资产	0.181 0*** （0.065 0）	0.206 0** （0.096 6）	0.282 0* （0.168 0）	0.193 0*** （0.042 8）
企业年龄	0.034 9 （0.023 6）	0.065 4* （0.035 0）	0.102 0* （0.058 7）	0.038 5** （0.019 0）
企业人数	0.280 0*** （0.090 4）	0.319 0** （0.135 0）	0.929 0*** （0.177 0）	0.697 0*** （0.078 7）

变量	第二阶段估计结果			
	（1）	（2）	（3）	（4）
	知识产权数	自主设计产品数	新产品销售额对数	研发投入对数
净资产收益率	0.110 0*** (0.031 9)	0.199 0*** (0.047 3)	0.189 0** (0.078 3)	0.192 0*** (0.026 2)
企业家教育水平	−0.605 0*** (0.191 0)	−0.597 0** (0.285 0)	−0.175 0 (0.443 0)	0.100 0 (0.153 0)
管理经验	−0.648 0*** (0.218 0)	−0.199 0 (0.325 0)	−0.545 0 (0.565 0)	−0.177 0 (0.183 0)
政治联系	9.65e−06 (6.17e−06)	1.93e−05** (9.15e−06)	−1.97e−05 (1.47e−05)	−4.91e−06 (4.45e−06)
年份固定效应	控制	控制	控制	控制
省份固定效应	控制	控制	控制	控制
行业固定效应	控制	控制	控制	控制
样本观察值	3 823	3 801	1 282	6 167
拟合优度	0.048	0.058	0.258	0.278

注：所有回归参数标准差都已在省级水平进行聚类调整，括号中为标准差。所有模型均控制省份、年度和行业固定效应。*** 表示在 1% 的水平上显著，** 表示在 5% 的水平上显著，* 表示在 10% 的水平上显著。

数据来源：根据全国民营企业抽样调查整理，包含 2004 年、2006 年、2008 年、2010 年和 2012 年数据。

前文的实证分析结果证实了行业协会在提升民营企业技术创新活动中的积极作用，但是实证分析结果还可能受到样本选择的影响。如果加入行业协会的企业本身创新能力更强或者创新潜力更大，因而能够从行业协会获得更多创新回报，这将导致本书的回归结果发生偏误。为了克服样本选择的影响并使得行业协会内外的企业在基本特征上具有更好的可比性，本书采用倾向得分匹配对估计结果做稳健性检验。具体而言，本书根据企业的一系列初始特征包括企业开业时所在行业、企业是否为改制企业、企业所在省份、企业成立年限和企业家在创办企业前是否在政府部门工作来估计企业加入行业协会的倾向得分，然后再根据倾向得分将行业协会内外的企业进行匹配。表 10.5 汇报了倾向得分匹配分析结果。表 10.5 的估计系数无论是大小还是显著性都与表 10.3 估计系数的边际效应非常接近，表明本书回归结果在考虑样本选择问题以后依然稳健。

表 10.5　倾向得分匹配分析

变量	系数	标准差	Z 值	P>Z	95%	置信区间
知识产权数	0.751	0.095	7.840	0	0.563	0.939
自主设计产品数	1.412	0.241	5.850	0	0.939	1.885
新产品销售额对数	1.707	0.384	4.440	0	0.954	2.461
研发投入对数	1.745	0.208	8.370	0	1.336	2.153

注：P 值通过自举法（bootstrapping）重复 1 000 次计算得到。

数据来源：根据全国民营企业抽样调查整理，包含 2004 年、2006 年、2008 年、2010 年和 2012 年数据。

10.5　机制检验与异质性分析

10.5.1　行业协会促进企业创新的作用机制检验

本书在理论分析部分提出行业协会促进民营企业创新的机制包括增加企业外部融资、拓展企业市场范围和加强知识产权保护。本节进一步根据民营企业调查数据包含指标的可得性对其中一部分机制做检验。需要说明的是，行业协会还可能通过其他渠道如信息交流、知识共享等对企业创新产生影响，但是由于数据限制，本书无法对这些渠道做全面检验。

首先，行业协会可以通过提高企业的合法性增加民营企业商业信贷，也可以通过其中介作用帮助民营企业获取金融机构的支持。为了检验行业协会对企业融资能力的影响，本书以企业杠杆率度量企业融资能力。表 10.6 第（1）列的结果显示，加入行业协会可以显著提高民营企业融资能力。

其次，行业协会网络组织可以帮助民营企业扩大市场活动的空间范围。本书以民营企业产品出口率衡量其参与国际市场的广度，以民营企业是否在本省份以外的其他省份销售产品衡量民营企业在国内市场的广度。表 10.6 第（2）列和第（3）列汇报了行业协会对企业市场广度的回归结果。和理论预期一致，加入行业协会可以显著扩大企业市场活动的空间范围。

此外，行业协会作为行业联合体，可以通过监督和惩罚等机制约束行业内企业的机会主义行为,降低企业创新活动的外部风险。同时,行业协会内的企业可以通过集体行动机制推动本地政府营造更加公平的市场环境,加强对民营企业的产权保护,改善民营企业的营商环境。由于民营企业调查数据中缺乏企业层面的产权保护程度指标,参考以往研究文献(Li et al.,2008;Long,2010),本书以民营企业在面临商业纠纷时是否使用本地法庭解决纠纷度量本地司法系统对企业产权的法律保护。这是因为企业在面临商业纠纷时可以选择私下协商等其他途径解决,只有本地司法系统对企业的法律保护较为有效时,企业才会选择通过法庭解决商业纠纷。表10.6第(4)列的相关回归结果显示,加入行业协会显著增加民营企业使用法庭解决商业纠纷的概率,表明行业协会会员可以获得更多的法律保护,对于本地司法系统更有信心。综上所述,表10.6的回归结果对假设 H_2 提供了支持。

表 10.6　行业协会促进民营企业技术创新的机制分析

变量	(1) 企业杠杆率	(2) 出口率	(3) 跨省销售	(4) 使用法庭解决纠纷
行业协会	0.037 2 *** (0.013 8)	0.012 5 * (0.006 5)	0.073 5 *** (0.026 3)	0.063 7 *** (0.021 0)
企业资产	−0.038 6 *** (0.004 6)	0.005 8 *** (0.002 2)	0.032 7 *** (0.009 8)	0.020 8 *** (0.007 5)
企业年龄	−0.000 4 (0.001 4)	0.000 3 (0.000 7)	−0.003 7 (0.003 2)	−0.000 4 (0.002 3)
企业人数	0.083 2 *** (0.005 6)	0.007 1 *** (0.002 6)	0.032 5 *** (0.012 2)	0.034 0 *** (0.008 9)
净资产收益率	0.015 2 (0.010 3)	0.012 2 ** (0.005 1)	−0.008 0 (0.021 9)	−0.003 2 (0.017 4)
企业家受教育水平	0.001 5 (0.002 3)	0.000 2 (0.001 1)	0.008 8 ** (0.004 3)	0.016 8 *** (0.003 5)
管理经验	0.054 7 *** (0.013 2)	0.002 2 (0.005 8)	−0.044 6 (0.028 6)	0.013 4 (0.020 7)
政治联系	0.008 0 (0.013 6)	−0.001 3 (0.006 6)	0.012 7 (0.028 0)	0.021 6 (0.021 7)
人均GDP	9.08e-07 (1.44e-06)	−3.19e-08 (1.87e-06)	−6.25e-06 ** (2.76e-06)	−7.26e-06 (6.94e-06)
年份固定效应	控制	控制	控制	控制

表10.6(续)

变量	(1)	(2)	(3)	(4)
	企业杠杆率	出口率	跨省销售	使用法庭解决纠纷
省份固定效应	控制	控制	控制	控制
行业固定效应	控制	控制	控制	控制
样本观察值	5 597	2 066	1 343	2 591
拟合优度	0.120	0.089	0.320	0.101

注：所有回归参数标准差都已在省级水平进行聚类调整，括号中为标准差。所有模型均控制省份、年度和行业固定效应。*** 表示在 1% 的水平上显著，** 表示在 5% 的水平上显著，* 表示在 10% 的水平上显著。

数据来源：根据全国民营企业抽样调查整理，包含 2004 年、2006 年、2008 年、2010 年和 2012 年数据。

10.5.2 行业协会作用异质性分析

10.5.2.1 制度环境的影响

为了检验行业协会对企业创新的作用在不同的制度环境中如何变化，本书采用樊纲等（2017）编制的市场化指数衡量地区市场制度环境[①]。本书根据每个省份当年的市场化指数得分将全国划分为低于平均水平地区和高于平均水平地区，再分别对两类地区估计行业协会的效应。表 10.7 汇报了不同市场制度环境下行业协会对民营企业创新活动的影响。通过系数对比可以发现，行业协会对民营企业创新的正向影响在市场化程度更低的地区更大，而且统计上更加显著。为了比较行业协会的影响在两类地区是否存在显著差异，本书采用费舍尔组合检验（permutation test）检验两组回归系数差异。根据费舍尔组合检验 P 值，行业协会的回归系数在两组间存在显著差异。本书发现行业协会对企业创新的促进作用在市场化水平更低的地区作用更大，表明行业协会可以在一定程度上对市场制度的不完善起到补充作用。表 10.7 的结果支持了假设 H_3。

---

① 使用市场化分项指标如产品市场的发育程度指数、要素市场的发育程度指数和市场中介组织的发育程度结果也是类似的。

表 10.7 不同制度环境下行业协会对企业创新能力的影响

变量	低市场化地区				高市场化地区			
	(1) 知识产权数	(2) 自主设计产品数	(3) 新产品销售额对数	(4) 研发投入对数	(5) 知识产权数	(6) 自主设计产品数	(7) 新产品销售额对数	(8) 研发投入对数
行业协会	4.047 0*** (1.063 0)	3.705 0*** (1.033 0)	1.561 0*** (0.578 0)	0.850 0*** (0.186 0)	2.833 0** (1.331 0)	1.532 0* (0.928 0)	1.488 0 (0.920 0)	1.179 0*** (0.282 0)
企业资产	1.567 0*** (0.335 0)	1.342 0*** (0.342 0)	0.730 0*** (0.202 0)	0.503 0*** (0.061 2)	0.915 0** (0.418 0)	0.244 0 (0.316 0)	0.451 0 (0.331 0)	0.534 0*** (0.098 7)
企业年龄	0.262 0*** (0.098 0)	0.324 0*** (0.101 0)	0.128 0** (0.058 3)	0.063 4*** (0.018 4)	0.380 0*** (0.133 0)	0.281 0*** (0.102 0)	0.113 0 (0.095 1)	0.065 8** (0.033 1)
企业人数	1.889 0*** (0.414 0)	1.515 0*** (0.426 0)	0.869 0*** (0.223 0)	0.742 0*** (0.074 7)	0.576 0 (0.524 0)	1.089 0*** (0.404 0)	0.678 0* (0.388 0)	0.371 0*** (0.122 0)
净资产收益率	3.190 0*** (0.651 0)	1.579 0** (0.712 0)	1.098 0** (0.445 0)	1.147 0*** (0.133 0)	0.571 0 (0.947 0)	-0.158 0 (0.760 0)	1.358 0* (0.700 0)	1.082 0*** (0.264 0)
企业家 受教育水平	0.752 0*** (0.157 0)	0.965 0** (0.160 0)	0.219 0** (0.093 3)	0.211 0*** (0.030 5)	0.927 0*** (0.225 0)	0.638 0*** (0.159 0)	0.168 0 (0.158 0)	0.133 0*** (0.049 7)
管理经验	-1.211 0 (0.876 0)	-0.994 0 (0.900 0)	-0.123 0 (0.495 0)	0.245 0 (0.174 0)	1.532 0 (1.165 0)	0.121 0 (0.888 0)	1.150 0 (0.850 0)	-0.204 0 (0.303 0)

变量	低市场化地区				高市场化地区			
	(1) 知识产权数	(2) 自主设计产品数	(3) 新产品销售额对数	(4) 研发投入对数	(5) 知识产权数	(6) 自主设计产品数	(7) 新产品销售额对数	(8) 研发投入对数
政治联系	-1.088 0 (0.912 0)	0.638 0 (0.945 0)	-0.410 0 (0.593 0)	0.093 7 (0.181 0)	-0.418 0 (1.213 0)	2.142 0** (0.917 0)	1.029 0 (0.936 0)	0.401 0 (0.307 0)
人均GDP	7.12e-05 (0.000 2)	0.000 348 (0.000 2)	6.11e-05 (6.22e-05)	-6.19e-05*** (2.34e-05)	-0.000 4 (0.000 4)	-0.000 4 (0.000 3)	-0.000 1 (0.000 4)	3.67e-05 (3.75e-05)
费舍尔组合检验P值	0.040	0.060	0.020	0.240	—	—	—	—
年份固定效应	控制	控制	控制	控制	控制	控制	控制	控制
省份固定效应	控制	控制	控制	控制	控制	控制	控制	控制
行业固定效应	控制	控制	控制	控制	控制	控制	控制	控制
样本观察值	2 734	2 712	950	4 593	1 089	1 089	332	1 574
拟合优度	0.086	0.073	0.349	0.345	0.118	0.098	0.386	0.330

注：所有回归参数都已在省级水平进行聚类调整，括号中为标准差。所有模型均控制省份、年度和行业固定效应。*** 表示在1%的水平上显著，** 表示在5%的水平上显著，* 表示在10%的水平上显著。

数据来源：根据全国民营企业抽样调查整理，包含2004年、2006年、2008年、2010年和2012年数据。

10.5.2.2   行业协会类型

由于政府主导的行业协会和企业家主导的行业协会在治理模式、行政干预和政府支持等方面存在很大差异，考察两种类型的行业协会对民营企业创新的作用是否存在差异有助于我们深入认识政府支持对行业协会职能的影响。根据以往研究（Zhang，2007），政府主导的行业协会主要包括政府主管的行业协会、工商联下属行业协会等，企业家主导的行业协会主要包括各类个协、私协和私营企业家联谊会。为此，本书根据以上划分方法将行业协会分为政府主导的行业协会和企业家主导的行业协会，并分别设置两个虚拟变量进行回归。表10.8的结果表明，两种类型的行业协会都能有效推动民营企业创新，相对于企业家主导的行业协会，政府主导的行业协会对企业创新的影响更大，并且 F 检验的结果拒绝了政府主导的行业协会和企业家主导的行业协会回归系数相同的原假设。本书的发现与郁建兴等（2013）基于案例研究的结果是一致的，表明行业协会职能的发挥仍然离不开政府支持。表10.8的结果对假设 H_{4a} 提供了支持，而假设 H_{4b} 未得到支持。

表 10.8   不同类型行业协会的作用

变量	（1）知识产权数	（2）自主设计产品数	（3）新产品销售额对数	（4）研发投入对数
政府主导型行业协会	2.386 0*** (0.912 0)	2.642 0*** (0.860 0)	1.241 0** (0.536 0)	1.021 0*** (0.184 0)
企业家主导型行业协会	1.889 0** (0.844 0)	1.526 0* (0.822 0)	0.740 0 (0.496 0)	0.148 0 (0.181 0)
企业资产	1.361 0*** (0.283 0)	1.032 0*** (0.281 0)	0.579 0*** (0.179 0)	0.550 0*** (0.060 1)
企业年龄	0.297 0*** (0.085 0)	0.321 0*** (0.084 4)	0.141 0*** (0.052 4)	0.071 3*** (0.018 6)
企业人数	1.658 0*** (0.353 0)	1.423 0*** (0.354 0)	0.798 0*** (0.200 0)	0.704 0*** (0.073 2)
净资产收益率	2.560 0*** (0.573 0)	1.350 0** (0.608 0)	0.959 0** (0.394 0)	1.170 0*** (0.137 0)
企业家受教育水平	0.760 0*** (0.138 0)	0.889 0*** (0.133 0)	0.217 0*** (0.083 5)	0.212 0*** (0.029 0)
管理经验	−0.381 0 (0.758 0)	−0.512 0 (0.755 0)	−0.269 0 (0.448 0)	−0.032 0 (0.170 0)

表10.8(续)

变量	（1）知识产权数	（2）自主设计产品数	（3）新产品销售额对数	（4）研发投入对数
政治联系	−1.011 0 （0.788 0）	1.169 0 （0.785 0）	0.069 9 （0.518 0）	0.242 0 （0.177 0）
人均GDP	−7.84e−06 （0.000 2）	0.000 3* （0.000 2）	6.24e−05 （6.12e−05）	3.10e−05 （2.32e−05）
两种行业协会回归系数 F 检验 P 值	0.12	0.04	0.06	0.00
年份固定效应	控制	控制	控制	控制
省份固定效应	控制	控制	控制	控制
行业固定效应	控制	控制	控制	控制
样本观察值	3 533	3 511	1 173	4 654
拟合优度	0.093	0.080	0.364	0.363

注：所有回归参数标准差都已在省级水平进行聚类调整（clustered at provincial level），括号中为标准差。所有模型均控制省份、年度和行业固定效应。*** 表示在1%的水平上显著，** 表示在5%的水平上显著，* 表示在10%的水平上显著。

数据来源：根据全国民营企业抽样调查整理，包含2004年、2006年、2008年、2010年和2012年数据。

10.5.2.3　企业政治联系的影响

在理论假说部分，本书基于对转型经济中行业协会作用的讨论，提出没有政治联系的企业对行业协会更加依赖，行业协会对于这类企业技术创新的影响也越大。表10.9汇报了区分企业是否具有政治联系的回归结果。表10.9显示行业协会对于没有政治关联的企业创新活动促进作用更大，并且费舍尔组合检验表明行业协会回归系数在两组样本之间存在显著差异。这表明，行业协会有助于缩小不同企业之间的技术创新差距。表10.9的结果证实了假设 H_5。

表10.9 不同政治联系企业回归结果

变量	无政治联系企业				有政治联系企业			
	(1) 知识产权数	(2) 自主设计产品数	(3) 新产品销售额对数	(4) 研发投入对数	(5) 知识产权数	(6) 自主设计产品数	(7) 新产品销售额对数	(8) 研发投入对数
行业协会	5.120 0*** (1.156 0)	3.369 0*** (0.922 0)	1.537 0*** (0.527 0)	0.982 0*** (0.174 0)	0.387 0 (1.251 0)	2.545 0 (1.616 0)	2.218 0* (1.295 0)	1.033 0*** (0.350 0)
企业资产	1.780 0*** (0.373 0)	1.270 0*** (0.322 0)	0.796 0*** (0.201 0)	0.528 0*** (0.061 0)	0.918 0** (0.367 0)	0.681 0 (0.478 0)	0.440 0 (0.336 0)	0.482 0*** (0.101 0)
企业年龄	0.373 0*** (0.119 0)	0.386 0*** (0.102 0)	0.179 0*** (0.060 7)	0.071 9*** (0.019 5)	0.180 0* (0.098 4)	0.219 0* (0.133 0)	0.045 2 (0.089 1)	0.038 3 (0.028 9)
企业人数	1.735 0*** (0.464 0)	1.342 0*** (0.400 0)	0.481 0** (0.220 0)	0.669 0*** (0.074 6)	1.201 0*** (0.461 0)	1.462 0** (0.614 0)	1.776 0*** (0.412 0)	0.643 0*** (0.123 0)
净资产收益率	3.335 0*** (0.783 0)	2.121 0*** (0.715 0)	1.566 0*** (0.437 0)	1.159 0*** (0.139 0)	2.082 0*** (0.690 0)	-0.176 0 (0.978 0)	0.430 0 (0.745 0)	1.069 0*** (0.224 0)
企业家受教育水平	1.108 0*** (0.185 0)	0.901 0*** (0.152 0)	0.249 0*** (0.090 7)	0.190 0*** (0.030 1)	0.399 0** (0.172 0)	0.989 0*** (0.232 0)	0.104 0 (0.169 0)	0.189 0*** (0.051 5)
管理经验	-0.925 0 (1.011 0)	-0.620 0 (0.874 0)	0.437 0 (0.495 0)	0.178 0 (0.180 0)	-0.660 0 (0.963 0)	-1.051 0 (1.268 0)	-0.297 0 (0.857 0)	0.008 8 (0.283 0)

变量	无政治联系企业				有政治联系企业			
	(1) 知识产权数	(2) 自主设计产品数	(3) 新产品销售额对数	(4) 研发投入对数	(5) 知识产权数	(6) 自主设计产品数	(7) 新产品销售额对数	(8) 研发投入对数
人均GDP	−4.71e−05 (0.000 2)	0.000 2 (0.000 2)	0.000 1** (6.80e−05)	−1.08e−05 (1.88e−05)	−9.31e−05 (0.000 2)	0.000 1 (0.000 3)	−0.000 3** (0.000 1)	−4.35e−06 (3.26e−05)
费舍尔组合检验P值	0.02	0.00	0.15	0.47	—	—	—	—
年份固定效应	控制	控制	控制	控制	控制	控制	控制	控制
省份固定效应	控制	控制	控制	控制	控制	控制	控制	控制
行业固定效应	控制	控制	控制	控制	控制	控制	控制	控制
样本观察值	2 703	2 690	938	4 302	1 120	1 111	344	1 865
拟合优度	0.109	0.088	0.362	0.351	0.073	0.060	0.429	0.301

注：所有回归参数标准差都已在省级水平上进行聚类调整，括号中为标准差。所有模型均控制省份、年度和行业固定效应。*** 表示在 1% 的水平上显著，** 表示在 5% 的水平上显著，* 表示在 10% 的水平上显著。

数据来源：根据全国民营企业抽样调查整理，包含 2004 年、2006 年、2008 年、2010 年和 2012 年数据。

10.6　本章研究结论与政策建议

10.6.1　研究结论

随着我国经济由高速增长转向高质量发展,中国民营企业发展模式迫切需要从要素投入驱动向技术创新驱动转变。随着我国简政放权改革深入推进,政府部分职能向市场中介组织和非政府组织不断转移,以行业协会为代表的社会组织在提供社会服务和促进行业发展上的作用日益突出。特别是在我国实施创新驱动发展战略的背景下,行业协会作为"产业联合体",如何服务于国家创新驱动发展战略,推动科技创新和经济转型值得深入探讨。

利用2004—2012年的全国民营企业抽样调查数据,本书研究了行业协会对我国民营企业创新活动的影响及其机制。研究发现:①行业协会参与可以显著提升民营企业技术创新能力。无论是从投入力度还是从产出绩效来看,加入行业协会的民营企业技术创新能力都要显著高于未加入行业协会的企业。②对微观机制的分析发现,行业协会促进民营企业创新的机制包括增加企业外部融资、扩大企业市场活动范围、提高对企业的法律保护。③对行业协会异质性的研究表明,行业协会的促进作用对处于市场化程度较低地区的企业或者无政治关联的企业尤为显著。

10.6.2　理论启示与政策建议

本书的研究成果不仅从理论上进一步丰富了对行业协会在经济转型中的作用研究,同时还对我国民营企业发展和行业协会管理实践具有一定的启示。①在我国经济结构加速转型的背景下,民营企业要积极依托行业协会平台突破在融资、市场和知识产权保护等方面的瓶颈,增强市场竞争力,主动适应我国经济高质量发展的要求。②对于市场较不完善地区的企业而言,行业协会参与更为重要。这部分在市场竞争中处于弱势的企业应该更加重视行业协会的作用,充分利用行业协会平台和资源,补齐核心技术短板,缩小技术差距。③随着经济全球化的加深和"一带一路"倡议的推进,民营企业参与国际贸易和国际投资的需求不断增加。在此背景下,民营企业要更加重视依靠行业协会的集中优势,通过行业协会集体力量解决贸易争端和突破贸易壁垒。④如何营造有利于企业家成长的营商环境,激发企业技术创新活力是当前我国各级政府高度重视的问题。各地区要重视行业协会在优化营商环境中的作用,进一步优化对行业协会的管理，逐步将政府社会管理中的行业管理职能转移给行业协会，充分发挥行业协会在推动经济转型中的作用。

10.6.3 研究不足与展望

本书对行业协会在我国民营企业技术创新中的作用做了比较深入的探索，但是本书的研究依然存在若干局限，未来相关研究可以从以下几个方面进行拓展：①受数据可得性限制，本书主要从融资、市场拓展和知识产权保护三个机制检验了行业协会的影响，但是行业协会还可能通过其他机制如信息传播和资源共享等对企业创新产生促进作用。未来的研究需要对这些机制做进一步检验。②本书主要关注行业协会对民营企业的影响，行业协会对不同所有制形式企业的影响可能存在重要差异。未来的研究需要进一步探讨行业协会对国有企业和外资企业创新活动的影响。③本书参考以往文献主要讨论了制度环境和企业家政治联系对行业协会效应的调节作用，对企业特征如何影响行业协会的作用尚未进行深入探讨。例如，行业协会对劳动密集型企业和资本密集型企业的影响是否存在差异。未来的研究需要进一步从企业特征的角度对行业协会效应的异质性做探讨。

11 研究结论及政策启示

　　近年来，营商环境在经济发展中的作用引起了我国各级政府和学术界的高度重视。如何营造有利于企业家健康成长的营商环境，通过改善营商环境促进创新企业和推动经济可持续高质量发展，也成为各级政府十分重视的重大问题。特别是近年来，随着中国经济发展进入"新常态"，经济结构调整和发展动力转换的压力日益紧迫，对改善营商环境的压力也日益增加。

　　本书在前期学者研究的基础上，对我国营商环境进行深入研究，并主要探索以下几个问题：第一，中国营商环境在过去数十年的演变有何规律？营商环境中的不同组成部分的演变速度是否同步？哪些组成部分改善较快，哪些部分比较滞后？在地区间的差异如何？第二，如何度量企业家精神？营商环境如何影响企业家精神和企业创新？营商环境的影响在不同的地区、行业有何差异？营商环境影响企业创新的机制是什么？第三，营商环境中的正式制度和非正式制度相对作用如何，是相互补充还是相互替代？相对于非正式制度，正式制度如法律、合同、产权保护等的作用是否在日益增强？第四，地方政府和市场中介组织在塑造营商环境中发挥着怎样的作用，两者的作用是相互补充还是相互替代的？

　　研究发现，在时间维度方面，随着经济发展水平的提高，营商环境中的基础设施无论是在数量还是在质量上都显著改进，但是不同地区的企业在基础设施质量上仍然存在差距；在法制方面，产权保护和合同执行所起到的作用越来越大，更多的企业在面对商业纠纷时选择使用本地司法系统而不是其他非正式渠道解决；在市场竞争和政府规制方面，随着时间的推移，市场竞争程度显著上升；在税费方面，企业面临的税费水平并没有显著变化，传统税收和其他费用的负担在过去数十年中基本保持稳定。

　　企业家特征和企业治理模式也发生了重要转变。企业家受教育水平快速提升，平均受教育年限从1991年的不到9年增加到2012年的15年左右。其中，女性企业家的比例稳步上升，表明企业家资源的配置更加市场化。企业家的社会背景在过去数十年中发生了重大变化，从主要来源于国有部门转向主要来源于非国有部门，企业家参政议政的比例也逐渐上升。在企业特征方面，我们考察了以企业资产、就业和资本密集度变化为特征的企业演变，发现以上特征随着时间的推移而增长。我们通过研发投入、专利数量和新产品销售来衡量企业创新，发现无论是以投入还是产出衡量，中国的民营企业都越来越具有创新性。随着时间的推移，这些企业在研发和培训方面投入了更多的资源，拥有更多的专利和自行设计的产品。此外，本书还考察了企业用于进行经济交易和管理商业活动的治理机制的演变，结果表明私营企业越来越依赖于国有银行和其他国有金融机构的正式融资，并减少了对非政府机构和个人的非正式融资的依赖。在治理方面，中国私营企业的控制结构已大幅多样化，私营企业家所占的份额随着时间的推移而不断下降。与此同时，公司管理变得更加专业化。民营企业家直接管理的公司比例随着时间的推移而下降，越来越多的民营企业雇佣职业经理人进行日常管理。在此基础上，我们探讨了前面章节中讨论的商业环境指标是否对公司绩效有重大影响，结果与 Hallward Driemier 等（2010）一致。我们发现，当地商业条件的可变性与公司绩效密切相关，而与当地商业条件的水平指标关联度较小。

本书还从税率和企业创新的视角研究了地方政府和市场中介组织在塑造营商环境中发挥的作用。我们发现，地方政府合作有利于降低本地企业税率，而以行业协会为代表的市场中介组织可以弥补市场制度发展的不足，改善本地企业营商环境，从而促进企业研发创新。

2019 年 2 月 25 日，习近平总书记在中央全面依法治国委员会第二次会议上提出了深刻且重要的论断，即"法治是最好的营商环境"。营商环境需要完备的法律制度以及不折不扣的法律实施，以实现营商环境的法治化，以确保营商环境的市场化。在当前经济新常态下，经济发展更加强调高质量和可持续发展，减轻民营企业税负和优化营商环境更是当前各级政府工作的一个重点，中国共产党第十八届三中全会提出，要完善发展成果考核评价体系，纠正单纯以经济增长速度评定政绩的偏向。因此，在新的考核评价机制下，地方官员可能有更强的动机通过减税等手段改善本地营商环境以促进本地企业创新和产业升级。我们要坚持市场准入平等，严格规范行政执法，进一步清理和规范涉企收费，建立清单目录，持续开展知识产权执法保护专项行动，加强知识产权保护。同时，在我国经济结构加速转型的背景下，市场中介组织要发挥更加重要的作用，帮助企业突破在融资、市场和知识产权保护等方面的瓶颈，增强市场竞争力，推动我国经济高质量发展。

参考文献

青木昌彦, 2001. 比较制度分析 [M]. 周黎安, 译. 上海: 上海远东出版社.

余晖, 2002. WTO 体制下行业协会的应对策略: 以反倾销为例 [J]. 中国工业经济 (3): 39-46.

王延明, 2002. 上市公司所得税率变化的敏感性分析 [J]. 经济研究 (9): 74-80.

周黎安, 2004. 晋升博弈中政府官员的激励与合作: 兼论我国地方保护主义和重复建设问题长期存在的原因 [J]. 经济研究 (6): 33-40.

霍沛军, 2005. 如何消除行业协会"二政府"现象 [J]. 中国改革 (11): 48-49.

周黎安, 罗凯, 2005. 企业规模与创新: 来自中国省级水平的经验证据 [J]. 经济学季刊 (4): 623-638.

汤文东, 2006. 行业协会是缓解中小企业融资难的有效载体 [J]. 金融理论与实践 (7): 43-45.

李秀峰, 曾文远, 2006. 行业协会对政策形成的影响: 以中国国际快递工作委员会的政策参与为个案分析 [J]. 国家行政学院学报 (3): 76-78.

江静, 2006. 转型国家行业协会功能发挥的制约因素: 基于政府视角的分析 [J]. 财经问题研究 (11): 93-97.

朱恒鹏, 2006. 企业规模、市场力量与民营企业创新行为 [J]. 世界经济 (12): 41-52.

张波, 2006. 企业营商环境指标的国际比较及我的对策 [J]. 经济纵横 (10): 62-65.

郁建兴, 2006. 行业协会: 寻求与企业、政府之间的良性互动 [J]. 经济社会体制比较 (2): 118-123.

潘劲, 2007. 农产品行业协会: 现状、问题与发展思路 [J]. 中国农村经济 (4): 53-59.

林海，王鑫，2007. 以民间商会为信用中介的中小企业投融资模式研究 [J]. 南开管理评论（4）：86-91.

赵坤，2007. 行业协会在产业集群知识产权保护中的作用：基于温州剃须刀行业的个案研究 [J]. 甘肃行政学院学报（1）：40-43.

周黎安，2007. 中国地方官员的晋升锦标赛模式研究 [J]. 经济研究（7）：36-50.

聂辉华，谭松涛，王宇锋，2008. 创新、企业规模和市场竞争：基于中国企业层面的面板数据分析 [J]. 世界经济（7）：57-66.

周雪光，2008. 基层政府间的"共谋现象"：一个政府行为的制度逻辑 [J]. 社会学研究（6）：1-21.

李宏彬，等，2009. 企业家的创业与创新精神对中国经济增长的影响 [J]. 经济研究（10）：99-108.

徐徐，朱允卫，2009. 行业维权与企业自主创新：以温州烟具产业为例 [J]. 科技管理研究（12）：147-149.

徐晞，2009. 全球金融危机下我国民营企业的突围路径：强化行业协会作用 [J]. 经济问题探索（12）：187-190.

杨育敏，魏翔，韩玉灵，2009. 行业协会的市场作用：基于信号传递模型的分析 [J]. 财经研究（5）：104-114.

陶然，等，2010. 经济增长能够带来晋升吗?：对晋升锦标竞赛理论的逻辑挑战与省级实证重估 [J]. 管理世界（12）：13-26.

江春，滕芸，2010. 企业家精神与金融发展关系研究评述 [J]. 经济学动态（2）：110-115.

才国伟，赵永亮，张捷，2010. 政府支持、行政干预与行业协会的发展：基于粤、浙两地问卷调查的实证研究 [J]. 经济管理（2）：1-9.

陈爽英，等，2010. 民营企业家社会关系资本对研发投资决策影响的实证研究 [J]. 管理世界（1）：88-97.

聂辉华，蒋敏杰，2011. 政企合谋与矿难：来自中国省级面板数据的证据 [J]. 经济研究（6）：146-156.

罗党论，黄有松，聂超颖，2011. 非正规金融发展、信任与中小企业互助融资机制：基于温州苍南新渡村互助融资的实地调查 [J]. 南方经济（5）：28-42.

张莉，徐现祥，王贤彬，2011. 地方官员合谋与土地违法 [J]. 世界经济（3）：72-88.

寿志钢，杨立华，苏晨汀，2011. 基于网络的组织间信任研究：中小企业的社会资本与银行信任 [J]. 中国工业经济（9）：56-66.

郁建兴，沈永东，吴逊，2011. 行业协会促进产业升级的作用类型及其实现机制：一项多案例的研究 [J]. 浙江大学学报（6）：23-35.

董志强，魏下海，汤灿晴，2012. 制度软环境与经济发展：基于30个大城市营商环境的经验研究 [J]. 管理世界（4）：9-20.

聂辉华，江艇，杨汝岱，2012. 中国工业企业数据库的使用现状和潜在问题 [J]. 世界经济（5）：142-158.

甘思德，邓国胜，2012. 行业协会的游说行为及其影响因素分析 [J]. 经济社会体制比较（4）：147-156.

陈建勋，2012. 转轨国家外向与内向营商效率的差异与比较研究：基于转轨国家 2005—2010 年的经验数据分析 [J]. 国际经贸探索（5）：25-34.

李后建，2013. 市场化、腐败与企业家精神 [J]. 经济科学（1）：99-111.

李汇东，唐跃军，左晶晶，2013. 用自己的钱还是用别人的钱创新？：基于中国上市公司融资结构与公司创新的研究 [J]. 金融研究（2）：170-183.

蔡卫星，高明华，2013. 政府支持、制度环境与企业家信心 [J]. 北京工商大学学报（5）：118-126.

史宇鹏，顾全，2013. 知识产权保护、异质性企业与创新：来自中国制造业的证据 [J]. 金融研究（8）：136-149.

郁建兴，沈永东，周俊，2013. 政府支持与行业协会在经济转型升级中的作用：基于浙江省、江苏省和上海市的研究 [J]. 上海行政学院学报（2）：4-13.

刘慧龙，吴联生，2014. 制度环境、所有权性质与企业实际税率 [J]. 管理世界（4）：42-52.

阮荣平，郑风田，刘力，2014. 信仰的力量：宗教有利于创业吗？[J]. 经济研究（3）：171-184.

许可，王瑛，2014. 后危机时代对中国营商环境的再认识：基于世界银行对中国 2700 家私营企业调研数据的实证分析 [J]. 改革与战略（7）：118-124.

邵传林，2014. 法律制度效率、地区腐败与企业家精神 [J]. 上海财经大学学报（5）：48-57.

潘越，潘健平，戴亦一，2015. 公司诉讼风险、司法地方保护主义与企业创新 [J]. 经济研究（3）：131-145.

代辉，2015. 行业协会在国家知识产权体制中的地位：以中美比较为基础

[J]. 科技与法律（5）：986-1007.

龙小宁，王俊，2015. 中国专利激增的动因及其质量效应 [J]. 世界经济（6）：115-142.

谢贞发，范子英，2015. 中国式分税制、中央税收征管权集中与税收竞争 [J]. 经济研究（4）：92-106.

邢文杰，刘彤，2015. 基于营商环境视角的企业家创业行为研究 [J]. 贵州大学学报（社会科学版）（4）：91-96.

张华，2015. 连接纽带抑或依附工具：转型时期中国行业协会研究文献评述 [J]. 社会（3）：221-240.

张杰，等，2015. 中国创新补贴政策的绩效评估：理论与证据 [J]. 经济研究（10）：4-17.

袁凯华，李后建，2015. 政企合谋下的策略减排困境：来自工业废气层面的度量考察 [J]. 中国人口·资源与环境（1）：134-141.

尹志超，等，2015. 金融知识、创业决策和创业动机 [J]. 管理世界（1）：87-98.

魏下海，董志强，张永璟，2015. 营商制度环境为何如此重要？：来自民营企业家"内治外攘"的经验证据 [J]. 经济科学（2）：105-116.

范子英，田彬彬，2016. 政企合谋与企业逃税：来自国税局长异地交流的证据 [J]. 经济学（4）：1303-1328.

邓宏图，宋高燕，2016. 学历分布、制度质量与地区经济增长路径的分岔 [J]. 经济研究（9）：89-103.

辛宇，李新春，徐莉萍，2016. 地区宗教传统与民营企业创始资金来源 [J]. 经济研究（4）：161-173.

曾亿武，郭红东，2016. 电子商务协会促进淘宝村发展的机理及其运行机制：以广东省揭阳市军埔村的实践为例 [J]. 中国农村经济（6）：51-60.

陈晓光，2016. 财政压力、税收征管与地区不平等 [J]. 中国社会科学（4）：53-70.

程俊杰，2016. 制度变迁、企业家精神与民营经济发展 [J]. 经济管理（8）：39-54.

邵传林，2016. 中国商业传统对现代企业家精神的影响研究：传承机理与实证检验 [J]. 浙江工商大学学报（4）：61-70.

汪旭光，2016-09-09（10）. 行业协会不能忘了"初心"[N]. 光明日报.

吴超鹏，唐菂，2016. 知识产权保护执法力度、技术创新与企业绩效：来自中国上市公司的证据 [J]. 经济研究 (11): 125-139.

余泳泽, 杨晓章, 2017. 官员任期、官员特征与经济增长目标制定: 来自 230 个地级市的经验证据 [J]. 经济学动态 (2): 51-65.

王玮, 2017. 税收优惠的公共治理: 制度框架与我国的选择 [J]. 当代财经 (10): 26-33.

王小鲁, 樊纲, 余静文, 2017. 中国分省份市场化指数报告 [M]. 北京: 社会科学文献出版社.

洪群, 戴亦一, 2018. 官员到访减轻了企业税收负担吗?: 来自中国上市公司的经验证据 [J]. 当代财经 (1): 111-121.

胡赛, 2018. 融资约束对企业家精神"挤出效应"的实证分析: 基于企业出口竞争力的视角 [J]. 浙江学刊 (4): 118-127.

徐义国, 殷剑峰, 2018. 中国金融市场体系的未来取向: 十九大报告蕴涵的金融元素 [J]. 经济社会体制比较 (1): 19-27.

褚杉尔, 高长春, 高晗, 2019. 企业家社会资本、融资约束与文化创意企业创新绩效 [J]. 财经论丛 (10): 53-63.

孙红莉, 2019. 战略性慈善行为、外部融资与民营企业研发投入 [J]. 经济管理 (8): 58-72.

沈永东, 虞志红, 2019. 民营经济发展特殊时期的行业协会商会 [J]. 治理研究 (2): 31-38.

WEBER M, 1946. From Max Weber, ed. HH Gerth and C. Wright Mills [M]. New York: Oxford University Press.

COASE R, 1960. The Problem of Social Cost [J]. Journal of Law and Economics, 3: 1-44.

SMITH A, 1976. An Inquiry into the Nature and Causes of the Wealth of Nations [M]. Chicago: University of Chicago Press.

NORTH D C, 1981. Structure and Change in Economic History [M]. New York: Norton.

RUNGE C F, 1984. Institutions and the Free Rider: The Assurance Problem in Collective Action [J]. The Journal of Politics, 46 (1): 154-181.

ZODROW G R, MIESZKOWSKI P, 1986. Pigou, Tiebout, Property Taxation, and the Underprovision of Local Public Goods [J]. Journal of Urban Economics, 19 (3): 356-370.

BAUMOL W, 1990. Entrepreneurship: Productive, Unproductive, and Destructive [J]. Journal of Political Economy, 98 (5): 893-921.

GEROSKI P A, 1990. Innovation, Technological Opportunity, and Market Structure [J]. Oxford Economic Papers, 42 (3): 586-602.

NORTH D C, 1990. Institutions, Institutional Change and Economic Performance [M]. Cambridge: Cambridge University press.

MURPHY K M, SHLEIFER A, VISHNY R W, 1991. The Allocation of Talents: Implications for Growth [J]. Quarterly Journal of Economics, 106 (2): 503-530.

DE LONGJB, SHLEIFER A, 1993. Princes and Merchants: European City Growth Before the Industrial Revolution [J]. Journal of Law and Economics, 36 (2): 671-702.

BESLEY T, 1995. Property Rights and Investment Incentives: Theory and Evidence from Ghana [J]. Journal of Political Economy, 103 (5): 903-937.

KNACK S, KEEFER P, 1995. Institutions and Economic Performance: Cross-Country Tests Using Alternative Institutional Measures [J]. Economics and Politics, 7 (3): 207-227.

SUCHMAN M C, 1995. Managing Legitimacy: Strategic and Institutional Approaches [J]. Academy of Management Review, 20 (3): 571-610.

BAI J, 1997. Estimation of a Change Point in Multiple Regression Models [J]. Review of Economics and Statistics, 79 (4): 551-563.

DIMAGGIO P, 1997. Culture and Cognition [J]. Review of Sociology, 23 (1): 263-287.

FRYE T, SHLEIFER A, 1997. The Invisible Hand and the Grabbing Hand [J]. American Economic Review, 87 (2): 354-358.

KIRZNER I M, 1997. Entrepreneurial Discovery and the Competitive Market Process: An Austrian Approach [J]. Journal of Economic Literature, 35 (1): 60-85.

BAI J, PERRON P, 1998. Estimating and Testing Linear Models with Multiple Structural Changes [J]. Econometrica, 66: 47-78.

BENNETT R J, 1998. Explaining the Membership of Voluntary Local Business Associations: The Example of British Chambers of Commerce [J]. Regional Studies, 32 (6): 503-514.

CHE J, QIAN Y, 1998. Insecure Property Rights and Government Ownership of Firms [J]. Quarterly Journal of Economics, 113 (2): 467-496.

NAHAPIET J, GHOSHAL S, 1998. Social Capital, Intellectual Capital, and the Organizational Advantage [J]. Academy of Management Review, 23 (2): 242-266.

SHLEIFER A, VISHNY R W, 1998. The Grabbing Hand: Government Pathologies and Their Cures [M]. Cambridge: Harvard University Press.

BLUNDELL R, GRIFFITH R, REENEN J V, 1999. MarketShare, Market Value and Innovation in a Panel of British Manufacturing Firms [J]. The Review of Economic Studies, 66 (3): 529-554.

CROSON R, BUCHAN N, 1999. Gender and Culture: International Experiment Evidence from Trust Games [J]. American Economic Review, 89 (2): 386-391.

FERNALD J G, 1999. Roads to Prosperity? Assessing the Link between Public Capital and Productivity [J]. American Economic Review, 89 (3): 619-638.

HANSEN B E, 1999. Threshold Effects in Non-Dynamic Panels: Estimation, Testing, and Inference [J]. Journal of Econometrics, 93 (2): 345-368.

HALL R E, JONES C I, 1999. Why do Some Countries Produce So Much More Output Per Worker than Others? [J]. The Quarterly Journal of Economics, 114 (1): 83-116.

MCMILLAN J, WOODRUFF C, 1999. Dispute Prevention without Courts in Vietnam [J]. Journal of Law, Economics, and Organization, 15 (3): 637-658.

BUSOM I, 2000. An Empirical Evaluation of the Effects of R&D Subsidies [J]. Economics of Innovation and New Technology, 9 (2): 111-148.

CULL R, XU L C, 2000. Bureaucrats, StateBanks, and the Efficiency of Credit Allocation: The Experience of Chinese State-Owned Enterprises [J]. Journal of Comparative Economics, 28 (1): 1-31.

DONER R F, SCHNEIDER B R, 2000. Business Associations and Economic Development: Why Some Associations Contribute More Than Others [J]. Business and Politics, 2 (3): 261-288.

LI H, XU L C, ZHOU H-F, 2000. Corruption, IncomeDistribution, and Growth [J]. Economics and Politics, 12 (2): 155-181.

LAU L J, QIAN Y, ROLAND G, 2000. Reform without Losers: An Interpretation of China's Dual-Track Approach to Transition [J]. Journal of Political Economy, 108 (1): 120-143.

MCMILLAN J, WOODRUFF C, 2000. Private Order under Dysfunctional Public Order [J]. Michigan Law Review: 2421-2458.

ROLAND G, 2000. Transition and Economics: Politics, Markets, and Firms [M]. MIT Press.

WILLIAMSON O E, 2000. The New Institutional Economics: Taking Stock, Looking Ahead [J]. Journal of Economic Literature, 38 (3): 595-613.

WALLSTEN S J, 2000. The Effects of Government-Industry R&D Programs on Private R&D: The Case of The Small Business Innovation Research Program [J]. The RAND Journal of Economics: 82-100.

ACEMOGLU D, JOHNSON S, ROBINSON J A, 2001. The Colonial Origins of Comparative Development: An Empirical Investigation [J]. American Economic Review, 91 (5): 1369-1401.

BROADBERRY S, CRAFTS N, 2001. Competition and Innovation in 1950s Britain [J]. Business History, 43 (1): 97-118.

DOLLAR D, FISMAN R, GATTI R, 2001. Are Women Really the Fairer Sex? Corruption and Women in Government [J]. Journal of Economic Behavior and Organization, 46 (4): 423-429.

SWAMYA, et al., 2001. Gender and Corruption [J]. Journal of Development Economics, 64 (1): 25-55.

SMALLBON D, WELTER F, 2001. The Distinctiveness of Entrepreneurship in Transition Economies [J]. Small Business Economics, 16 (4): 249-262.

DJANKOVS, et al., 2002. The Regulation of Entry [J]. Quarterly Journal of Economics, 177 (1): 1-37.

JOHNSON S, MCMILLAN J, WOODRUFF C, 2002. Property Rights and Finance [J]. American Economic Review, 92 (5): 1335-1356.

JACOBY H G, LI G, ROZELLE S, 2002. Hazards of Expropriation: Tenure Insecurity and Investment in Rural China [J]. American Economic Review, 92 (5): 1420-1447.

MCMILLAN J, WOODRUFF C, 2002. The Central Role of Entrepreneurs in Transition Economies [J]. Journal of Economic Perspectives, 16 (3): 153-170.

PRIEGER J E, 2002. Regulation, Innovation, and the Introduction of New Telecommunications Services [J]. Review of Economics and Statistics, 84 (4): 704-715.

STERN N, STERN N H, 2002. A Strategy for Development [M]. World Bank Publications.

ACEMOGLU D, 2003. Why Not a Political Coase Theorem? Social Conflict, Commitment and Politics [J]. Journal of Comparative Economics, 31 (4): 620-652.

DEN BUTTER FAG, MOSCH RHJ, 2003. Trade, Trust and Transaction Costs [J]. Tinbergen Institute Discussion Papers, Tinbergen Institute, Amsterdam: 82-83.

DJANKOVS, et al., 2003. Courts [J]. Quarterly Journal of Economics, 118 (2): 453-517.

EASTERLY W, LEVINE R, 2003. Tropics, Germs, and Crops: How Endowments Influence Economic Development [J]. Journal of Monetary Economics, 50 (1): 3-39.

MUKOYAMA T, 2003. Innovation, Imitation, and Growth with Cumulative Technology [J]. Journal of Monetary Economics, 50 (2): 361-380.

PENG M W, 2003. Institutional Transitions and Strategic Choices [J]. Academy of Management Review, 28 (2): 275-296.

UZZI B, LANCASTER R, 2003. Relational Embeddedness and Learning: The Case of Bank Loan Managers and Their Clients [J]. Management Science, 49 (4): 383-399.

ANDERSON J E, WINCOOP E V, 2004. Trade Costs [J]. Journal of Economic Literature, 42 (3): 691-751.

CLARKE G, XU L C, 2004. Privatization, Competition, and Corruption: How Characteristics of Bribe Takers and Payers Affect Bribe Payments to Utilities [J]. Journal of Public Economics, 88 (9-10): 2067-2097.

LI S, PARK S H, LI S, 2004. The Great Leap Forward: The Transition from Relation-Based Governance to Rule-Based Governance [J]. Organizational Dynamics, 33 (1): 63-78.

ACEMOGLU D, JOHNSON S, 2005a. Unbundling Institutions [J]. Journal of Political Economy, 113 (5): 949-995.

ACEMOGLU D, JOHNSON S, ROBINSON J A, 2005b. Institutions as the Fundamental Cause of Long-Run Growth [J]. the Handbook of Economic Growth, 1: 385-472.

AGHIONP, et al., 2005. Competition and Innovation: An Inverted-U Relationship [J]. Quarterly Journal of Economics, 120 (2): 701-728.

ALLENF, QIAN J, QIAN M, 2005. Law, Finance, and Economic Growth in China [J]. Journal of Financial Economics, 77 (1): 57-116.

BECK T, DEMIRGÜÇ-KUNT A, MAKSIMOVIC V, 2005. Financial and Legal Constraints to Growth: Does Firm Size Matter? [J]. The Journal of Finance, 60 (1): 137-177.

BERKOWITZ D, DEJONG D N, 2005. Entrepreneurship and Post-socialist Growth [J]. Oxford Bulletin of Economics and Statistics, 67 (1): 25-46.

CHEN Y, PUTTITANUN T, 2005. Intellectual Property Rights and Innovation in Developing Countries [J]. Journal of Development Economics, 78 (2): 474-493.

CULL R, XU L C, 2005. Institutions, Ownership, and Finance: The Determinants of Profit Reinvestment among Chinese Firms [J]. Journal of Financial Economics, 77 (1): 117-146.

DJANKOVS, et al., 2005. Who are Russia´s Entrepreneurs? [J]. Journal of the European Economic Association, 3 (2-3): 587-597.

DOLLAR D, HALLWARD - DRIEMEIER M, MENGISTAE T, 2005. Investment Climate and Firm Performance in Developing Economies [J]. Economic Development and Cultural Change, 54 (1): 1-31.

KHWAJA A, MIAN A, 2005. Do Lenders Favor Politically Connected Firms? Rent Provision in an Emerging Financial Market [J]. The Quarterly Journal of Economics, 120 (4): 1371-411.

LI H, ZHOU L-A, 2005. Political Turnover and Economic Performance: The Incentive Role of Personnel Control in China [J]. Journal of Public Economics, 89 (9-10): 1743-1762.

SCHNEIDER P H, 2005. International Trade, Economic Growth and Intellectual Property Rights: A Panel Data Study of Developed and Developing Countries [J]. Journal of Development Economics, 78 (2): 529-547.

AIDIS R, MICKIEWICZ T, 2006. Entrepreneurs, Expectations and Business Expansion: Lessons from Lithuania [J]. Europe-Asia Studies, 58 (6): 855-880.

BECKT, et al., 2006. The Determinants of Financing Obstacles [J]. Journal of International Money and Finance, 25 (6): 932-952.

DJANKOVS, et al., 2006. Who Are China's Entrepreneurs? [J]. American Economic Review, 96 (2): 348-352.

FACCIO M, 2006. Politically Connected Firms [J]. American Economic Review, 96 (1): 369-386.

KLAPPER L, LAEVEN L, RAJAN R, 2006. Entry Regulation as a Barrier to Entrepreneurship [J]. Journal of Financial Economics, 82 (3): 591-629.

LI H, MENG L, ZHANG J, 2006. Why Do Entrepreneurs Enter Politics? Evidence from China [J]. Economic Inquiry, 44 (3): 559-578.

BENNETT R J, RAMSDEN M, 2007. The Contribution of Business Associations to SMEs: Strategy, Bundling or Reassurance? [J]. International Small Business Journal, 25 (1): 49-76.

CICCONE A, PAPAIOANNOU E, 2007. Red Tape and Delayed Entry [J]. Journal of the European Economic Association, 5 (2-3): 444-458.

DJANKOV S, MCLIESH C, SHLEIFER A, 2007. Private Credit in 129 Countries [J]. Journal of Financial Economics, 84 (2): 299-329.

FISMAN R, SVENSSON J, 2007. Are Corruption and Taxation Really Harmful to Growth? Firm Level Evidence [J]. Journal of Development Economics, 83 (1): 63-75.

GÖRG H, STROBL E, 2007. The Effect of R&D Subsidies on Private R&D [J]. Economica, 74 (294): 215-234.

GOETZ A M, 2007. Political Cleaners: Women as the New Anti-Corruption Force? [J]. Development and Change, 38 (1): 87-105.

JENSEN MB, et al., 2007. Forms of Knowledge and Modes of Innovation [J]. Research Policy, 36: 680-693.

MADDISON A, 2007. Contours of the World Economy 1-2030 AD: Essays in Macro-Economic History [M]. Oxford: Oxford University Press.

WU L, et al., 2007. Local Tax Rebates, Corporate Tax Burdens, and Firm Migration: Evidence from China [J]. Journal of Accounting and Public Policy, 26 (5): 555-583.

ZHANG J, 2007. Business Associations in China: Two Regional Experiences [J]. Journal of Contemporary Asia, 37 (2): 209-231.

AYYAGARI M, DEMIRGÜÇ-KUNT A, MAKSIMOVIC V, 2008. How Important Are Financing Constraints? The Role of Finance in the Business Environment

[J]. The World Bank Economic Review, 22 (3): 483-516.

BECK T, DEMIRGÜÇ-KUNT A, MAKSIMOVIC V, 2008. Financing Patterns around the World: Are Small Firms Different? [J]. Journal of Financial Economics, 89 (3): 467-487.

DJANKOVS, et al., 2008. The Law and Economics of Self-Deaing [J]. Journal of Financial Economics, 88 (3): 430-465.

LIH, et al., 2008. Political Connections, Financing and Firm Performance: Evidence from Chinese Private Firms [J]. Journal of Development Economics, 87 (2): 283-299.

SMALLBONE D, WELTER F, 2008. Entrepreneurship and Small Business Development in Post-Socialist [M]. London: Routledge.

SAVIGNAC F, 2008. Impact of Financial Constraints on Innovation: What Can be Learned from a Direct Measure? [J]. Econ. Innov. New Techn, 17 (6): 553-569.

BERGER A, HASANCE I, ZHOU M, 2009. Bank Ownership and Efficiency in China: What will Happen in the World's Largest Nation? [J]. Journal of Banking and Finance, 33 (1): 113-130.

BROWN J D, EARLE J S, GEHLBACH S, 2009. Helping Hand or Grabbing-Hand? State Bureaucracy and Privatization Effectiveness [J]. American Political Science Review, 103 (2): 264-283.

BÉRUBÉ C, MOHNEN P, 2009. Are Firms that Receive R&D Subsidies More Innovative? [J]. Canadian Journal of Economics, 42 (1): 206-225.

BESLEY T, PERSSON T, 2009. The Origins of State Capacity: Property Rights, Taxation, and Politics [J]. American Economic Review, 99 (4): 1218-1244.

CROSON R, GNEEZY U, 2009. Gender Differences in Preferences [J]. Journal of Economic Literature, 47 (2): 448-474.

CULL R, XU L C, ZHU T, 2009. Formal Finance and Trade Credit During China's Transition [J]. Journal of Financial Intermediation, 18 (2): 173-192.

CAI H, LIU Q, 2009. Competition and Corporate Tax Avoidance: Evidence from Chinese Industrial Firms [J]. The Economic Journal, 119 (537): 764-795.

ESCRIBANOA, et al., 2009. Investment Climate Assessment in Indonesia, Malaysia, the Philippines and Thailand: Results from Pooling Firm-Level Data [J].

The Singapore Economic Review, 54 (3): 335-366.

LE N T B, NGUYEN T V, 2009. The Impact of Networking on Bank Financing: The Case of Small and Medium-Sized Enterprises in Vietnam [J]. Entrepreneurship Theory and Practice, 33 (4): 867-887.

LU Y, TAO Z, 2009. Contract Enforcement and Family Control of Business: Evidence from China [J]. Journal of Comparative Economics, 37 (4): 597-609.

MAGRI S, 2009. The Financing of Small Entrepreneurs in Italy [J]. Annals Of Finance, 5 (3-4): 397-419.

NORTH D C, WALLIS J J, WEINGAST B, 2009. Violence and Social Orders: A Conceptual Framework for Interpreting Recorded Human History [M]. Cambridge: Cambridge University Press.

PERRY M, 2009. Trade Associations: Exploring the Trans – Tasman Environment for Business Associability [J]. Journal of Management and Organization, 15 (4): 404-422.

BESLEY T, PERSSON T, STURM D M, 2010. Political Competition, Policy and Growth: Theory and Evidence from the US [J]. The Review of Economic Studies, 77 (4): 1329-1352.

DJANKOVS, et al., 2010. The Effect of Corporate Taxes on Investment and Entrepreneurship [J]. American Economic Journal: Macroeconomics, 2 (3): 31-64.

HUGGINS R, JOHNSTON A, 2010. Knowledge Flow and Inter-Firm Networks: The Influence of Network Resources, Spatial Proximity and Firm Size [J]. Entrepreneurship and Regional Development, 22 (5): 457-484.

JOHNSON S, MCMILLAN J, WOODRUFF C, 2010. Entrepreneurs and the Ordering of Institutional Reform: Poland, Slovakia, Romania, Russia and Ukraine Compared [J]. Economics of Transition, 8 (1): 1-36.

LONG C, 2010. Does the Rights Hypothesis Apply to China? [J]. The Journal of Law and Economics, 53 (4): 629-650.

LIUH, et al., 2010. The Role of Institutional Pressures and Organizational Culture in the Firm's Intention to Adopt Internet-Enabled Supply Chain Management Systems [J]. Journal of Operations Management, 28 (5): 372-384.

REVELEY J, VILLE S, 2010. Enhancing Industry Association Theory: A Comparative Business History Contribution [J]. Journal of Management Studies, 47 (5): 837-858.

SCHUMPETER J A, 2010. Capitalism, Socialism and Democracy [M]. New York: Routledge.

XU L C, 2010. The Effects of Business Environments on Development: Surveying New Firm-Level Evidence [J]. The World Bank Research Observer, 26 (2): 310-340.

CAI H, FANG H, XU L C, 2011. Eat, Drink, Firms, Government: An Investigation of Corruption from the Entertainment and Travel Costs of Chinese Firms [J]. The Journal of Law and Economics, 54 (1): 55-78.

CZARNITZKI D, HOTTENROTT H, THORWARTH S, 2011. Industrial Research versus Development Investment: The Implications of Financial Constraints [J]. Cambridge Journal of Economics, 35 (3): 527-544.

DETHIER JJ, HIRN M, STRAUB S, 2011. Explaining Enterprise Performance in Developing Countries with Survey Data [J]. The World Bank Research Observer, 26 (2): 258-309.

FAN G, WANG X, 2011. NERI Index of Marketization of China's Provinces [M]. Beijing: Economic Science Press.

LU Y, 2011. Political Connections and Trade Expansion: Evidence from Chinese Private Firms [J]. Economics of Transition, 19 (2): 231-254.

LINC, et al., 2011. Managerial Incentives, CEO Characteristics and Corporate Innovation in China's Private Sector [J]. Journal of Comparative Economics, 39 (2): 176-190.

PANG C, SHEN H, LI Y, 2011. How Organizational Slack Affects New Venture Performance in China: A Contingent Perspective [J]. Chinese Management Studies, 5 (2): 181-193.

SONGZ, STORESLETTEN K, ZILIBOTTI F, 2011. Growing Like China [J]. American Economic Review, 101 (1): 196-233.

XU C, 2011. The Fundamental Institutions of China's Reforms and Development [J]. Journal of Economic Literature, 49 (4): 1076-1151.

AYYAGARI M, DEMIRGUC-KUNT A, MAKSIMOVIC V, 2012. Financing of Firms in Developing Countries: Lessons from Research [J]. World Bank Policy Research Working Paper Series: 6036.

WANG X, XU L C, ZHU T, 2012. Foreign Direct Investment under a Weak Rule of Law: Theory and Evidence from China [J]. Economics of Transition, 20

(3): 401-424.

GORODNICHENKO Y, SCHNITZER M, 2013. Financial Constraints and Innovation: Why Poor Countries don't Catch Up [J]. Journal of the European Economic Association, 11 (5): 1115-1152.

HASHMI A R, 2013. Competition and Innovation: The Inverted-U Relationship Revisited [J]. Review of Economics and Statistics, 95 (5): 1653-1668.

VOIGTLÄNDER N, VOTH H-J, 2013. Gifts of Wars: Warfare and Europe's Early Rise to Riches [J]. Journal of Economic Perspectives, 27 (4): 165-186.

WILLIAMS H L, 2013. Intellectual Property Rights and Innovation: Evidence from the Human Genome [J]. Journal of Political Economy, 121 (1): 1-27.

ANG J S, CHENG Y, WU C, 2014. Does Enforcement of Intellectual Property Rights Matter in China? Evidence from Financing and Investment Choices in the High-Tech Industry [J]. Review of Economics and Statistics, 96 (2): 332-348.

BESLEY T, PERSSON T, 2014. Why Do Developing Countries Tax So Little [J]. Journal of Economic Perspectives, 28 (4): 99-120.

HARRISON A E, LIN J Y, XU L C, 2014. Explaining Africa's (Dis) Advantage [J]. World Development, 63: 59-77.

NEUMARK D, MUZ J, 2014. The "Business Climate" and Economic Inequality [J]. Review of Income and Wealth, 62 (1): 161-180.

BAH E H, FANG L, 2015. Impact of the Business Environment on Output and Productivity in Africa [J]. Journal of Development Economics, 114: 159-171.

BERKOWITZ D, LIN C, MA Y, 2015. Do Property Rights Matter? Evidence from a Property Law Enactment [J]. Journal of Financial Economics, 116 (3): 583-593.

CLARKE G, QIANG C Z, XU L C, 2015. Internet as a General-Purpose Technology [J]. Economics Letters, 135: 24-27.

CULLR, et al., 2015. Government Connections and Financial Constraints: Evidence from a Large Representative Sample of Chinese Firms [J]. Journal of Corporate Finance, 32: 271-294.

DANG J, MOTOHASHI K, 2015. Patent Statistics: A Good Indicator for Innovation in China? Patent Subsidy Program Impacts on Patent Quality [J]. China Economic Review, 35: 137-155.

HALLWARD-DRIEMEIER M, 2015. How Business is Done in the Developing

World: Deals versus Rules [J]. Journal of Economic Perspectives, 29 (3): 121–140.

LARRAIN M, PRÜFER J, 2015. Trade Associations, Lobbying, and Endogenous Institutions [J]. Journal of Legal Analysis, 7 (2): 467–516.

LONG C, YANG J, ZHANG J, 2015. Institutional Impact of Foreign Direct Investment in China [J]. World Development, 66: 31–48.

SWEET C M, MAGGIO D S E, 2015. Do Stronger Intellectual Property Rights Increase Innovation? [J]. World Development, 66: 665–677.

ARTZ GM, et al., 2016. Do State Business Climate Indicators Explain Relative Economic Growth at State Borders? [J]. Journal of Regional Science, 56 (3): 395–419.

BLIND K, 2016. The Impact of Standardization and Standards on Innovation [J]. Handbook of Innovation Policy Impact: 423.

BOEING P, 2016. The Allocation and Effectiveness of China's R&D Subsidies-Evidence from Listed Firms [J]. Research Policy, 45 (9): 1774–1789.

KUTEESA A, MAWEJJE J, 2016. Between the Market and The State: The Capacity of Business Associations for Policy Engagement in Uganda [J]. The Journal of Modern African Studies, 54 (4): 617–644.

PRAJOGO D I, 2016. The Strategic Fit Between Innovation Strategies and Business Environment in Delivering Business Performance [J]. International Journal of Production Economics, 171: 241–249.

CHEND, et al., 2017. Political Connection of Financial Intermediaries: Evidence from China's IPO Market [J]. Journal of Banking and Finance, 76: 15–31.

CULLR, et al., 2017. Market Facilitation by Local Government and Firm Efficiency: Evidence from China [J]. Journal of Corporate Finance, 42: 460–480.

CHEN S X, 2017. The Effect of a Fiscal Squeeze on Tax Enforcement: Evidence from a Natural Experiment in China [J]. Journal of Public Economics, 147 (3): 62–76.

HUANGZ, et al., 2017. Hayek, Local Information, and Commanding Heights: Decentralizing State – Owned Enterprises [J]. American Economic Review, 107 (8): 2455–2478.

HANOUSEK J, SHAMSHUR S, TRESL J, 2017. Firm Efficiency, Foreign

Ownership and CEO Gender in Corrupt Environments [J]. Journal of Corporate Finance, 59: 344-360.

KNACK S, XU L C, 2017. Unbundling Institutions for External Finance [J]. Journal of Corporate Finance, 44 (C): 215-232.

MEYER N, MEYER D F, 2017. Best Practice Management Principles for Business Chambers to Facilitate Economic Development: Evidence from South Africa [J]. Polish Journal of Management Studies: 15.

WEI S-J, XIE Z, ZHANG X, 2017. From "Made in China" to "Innovated in China": Necessity, Prospect, and Challenges [J]. Journal of Economic Perspectives, 31 (1): 49-70.

KUNG J K, MA C, 2018. Friends with Benefits: How Political Connections Help to Sustain Private Enterprise Growth in China [J]. Economica, 85 (337): 41-74.

XU L C, YANG L, 2018. Stationary Bandits, State Capacity, and the Malthusian Transition: The Lasting Impact of the Taiping Rebellion [J]. World Bank Research Working Paper: 8620.

CULLR, et al., 2019. Dual Credit Markets and Household Usage to Finance: Evidence from a Representative Chinese Household Survey [J]. Oxford Bulletin of Economics and Statistics, 81 (6): 1280-1317.

BANERJEE A, DUFLO E, QIAN N, 2020. On the Road: Access to Transportation Infrastructure and Economic Growth in China [J]. Journal of Development Economics, 145: 102442.

REYES J-D, ROBERTS M, XU L C, 2021. The Heterogeneous Growth Effects of the Business Environment: Firm-Level Evidence for a Global Sample of Cities [J]. China Economic Quarterly International, 1 (1): 15-28.